D1833014

दुख चिट्ठीरसा है

दुख चिट्ठीरसा है

अशोक वाजपेयी

राजकमल प्रकाशन

ISBN : 978-81-267-1506-0

मूल्य : ₹395

© अशोक वाजपेयी

पहला संस्करण : 2008
तीसरा संस्करण : 2019

प्रकाशक : राजकमल प्रकाशन प्रा. लि.
1-बी, नेताजी सुभाष मार्ग, दरियागंज
नई दिल्ली-110 002

शाखाएँ : अशोक राजपथ, साइंस कॉलेज के सामने, पटना-800 006
पहली मंजिल, दरबारी बिल्डिंग, महात्मा गांधी मार्ग, इलाहाबाद-211 001
36 ए, शेक्सपियर सरणी, कोलकाता-700 017

वेबसाइट : www.rajkamalprakashan.com
ई-मेल : info@rajkamalprakashan.com

मुद्रक : बी.के. ऑफसेट
नवीन शाहदरा, दिल्ली-110 032

DUKH CHITTHIRASA HAI
Poems by Ashok Vajpeyi

इस पुस्तक के सर्वाधिकार सुरक्षित हैं। प्रकाशक की लिखित अनुमति के बिना इसके किसी भी अंश को, फोटोकॉपी एवं रिकॉर्डिंग सहित इलेक्ट्रॉनिक अथवा मशीनी, किसी भी माध्यम से, अथवा ज्ञान के संग्रहण एवं पुनःप्रयोग की प्रणाली द्वारा, किसी भी रूप में, पुनरुत्पादित अथवा संचारित-प्रसारित नहीं किया जा सकता।

दिद्दा के लिए
प्रणामपूर्वक
गुड्डन

अनुक्रम

दुख चिट्ठीरसा है

एक उँगली उठती है

एक उँगली उठती है हरे की
और काला सहमता है :
खिड़की के चौखटे में बँधा हुआ
नीला आकाश एक दीवार था दूर पर।
किसी पक्षी का घोंसला था
जिसमें दुबका हुआ था दरबारी कान्हड़ा।
एक रोशन बरामदा था जो कहीं नहीं जाता था
जिसके छोर पर चीख़ों का एक मक़बरा था।
स्थापत्य में कहीं गहरा मौन था
जिस पर जब-तब टपक रहा था
किसी प्राचीन नायिका का गाथा से बाहर रह गया आँसू।
शब्द थे साँसत में
उन्हें आवाज़ से अलगाया जा सकता था।
दिव्य वैभव के बरक्स एक सरल-सी प्रार्थना थी
जिसके लिए कहीं जगह न थी।
इस विपर्यास के बीच
कविता थी
किसी उजाड़ में थोड़ी-सी नम जगह पर फैली हरी घास की तरह
जिसे भरोसा था
कि उसे कोई नहीं देखेगा,
सिवाय उस पुरखे के,
जो भटककर किसी पाताल से
अचानक आ गया होगा
उस धरती से जहाँ से वह सदियों पहले गया था
और जो उसकी याद से ओझल हो चुकी थी।

काँपते हुए उभरी नसोंवाले हाथों में
सपने देखने से थकी अधेड़ आँखों में
सच को रौंदते हुए बिवाई-भरे पैरों में
एक प्राचीन पद्य लिखा जाता है
जिसे कोई नहीं समझेगा
और जिसे न बाहर जगह मिलेगी,
न अन्दर कोई बिस्तर।

2007

पीछे-आगे

जो कुछ पहले हो चुका और लगता था
कि बीत चुका
देखता हूँ
कि दरअसल आगे होने जा रहा है।
और चूँकि यह कविता के कारण सम्भव हो पा रहा है,
उस पहले हुए और अब फिर होनेवाले और अब तक अनहुए को
थोड़ा परिष्कृत, चुस्त और सटीक कर लेना चाहता हूँ।
इतिहास जिसकी अनुमति तक नहीं देता
कविता आसानी से करने की छूट देती है।

अब जैसे मेरा जन्म ही है : मैं उसे सकट गणेश चतुर्थी के दिन तो रहने देता हूँ
लेकिन दुर्ग के बजाय छत्तीसगढ़ के किसी गाँव में कर देना चाहता हूँ
जहाँ मेरे नाना अपने दौरे पर गए हों
और मेरी आसन्नप्रसवा माँ ज़िदकर उनके साथ गई हों।
शुरू में कुछ नाटकीयता ज़रूरी है
ताकि बाद में उसकी कोई ज़रूरत न रह जाए।
गोपालगंज सागर का लाल स्कूल ठीक है
लेकिन दशरथलाल असाटी मास्साब के यहाँ मैं भी कपड़े फींचना चाहता हूँ
अपने और सहपाठियों की तरह,
अपने सम्भ्रान्त परिवार का होने के कारण छूट नहीं चाहता।
छठवीं कक्षा में कविता लिखना शुरू करने पर अपना उपनाम
'राजेश' जैसे चलताऊ नाम से बदलकर 'अनुराग' इत्यादि कुछ करना चाहता हूँ
और अपनी पहली प्रिया का नाम 'सुमन' से बदलकर कुछ अधिक अप्रचलित
जैसे 'सोनाली' या 'प्रियम्वदा'।
अपने अक्खड़ और गुस्सैल पिता का मैं कुछ नहीं बदलना चाहता

सिवाय विफलता के उनके सजग बोध के
क्योंकि उनकी मदद पाए कृतज्ञ लोग आज भी जहाँ-तहाँ मिलते रहते हैं
जबकि उनसे बाज़ी मार ले गए सफल लोगों का नामलेवा कोई नज़र नहीं आता।
हो सके तो मैं उनसे थोड़ा कम डरना चाहता हूँ
जैसे कि मुझसे छोटे भाई और बहिन उनसे, मेरे मुक़ाबले, कुछ कम डरते थे।
उसकी भीषण कठिनाई को जानते हुए भी
कवि के रूप में ही मरने की अपनी आरम्भिक आकांक्षा में कोई संशोधन करना
नहीं चाहता।
कई बार लगता है कि कुछ दोस्तों को, जो बाद में दुश्मन हुए,
पहले से ही दुश्मन की तरह रखा जाए, भले बाद में वे दोस्त हो जाएँ।
दोस्त का दुश्मन हो जाना ज़्यादा अखरता है
जबकि दुश्मन का दोस्त होना भला लगता है।
यह तो मैं भूल ही गया कि
अपना नाम बदलकर वही रखना चाहूँगा
जो मेरे ताऊ ने अपनी बेटियों के क्रमशः 'अनामिका' और 'कामायनी' रखने के बाद
मेरे लिए तजवीज़ किया है : 'परिमल'।
अशोक से कहीं बेहतर है और मुझे हर वक़्त मुस्कराते-हँसते रहने के बोझ से
निजात मिल जाएगी।
यों सख़्तजान इतिहास देखे कि मैं
अपने जीवन के साथ कविता में बहुत मामूली फेरबदल चाह रहा हूँ
बिलकुल नाममात्र का।
कविता चाहे तो इतिहास को उसी के कूड़ेदान में फेंक दे,
लेकिन कविता सबका लिहाज़ करती है,
इतिहास का भी।

अगर जीवन में मैंने जिस पहले आदमी को अपनी आँखों के सामने मरते देखा उसे
मुक्तिबोध होना था
तो उन्हें कम-से-कम अन्तिम साँसें लेने से पहले होश में आकर
विदा के दो शब्द कहना चाहिए थे :
मैं तय नहीं कर पा रहा हूँ कि
दिदिया के अन्तिम प्रयाण के समय होना मुझे कितना सह्य लगता।
जूनू और दूबी बहुत ठीक है पर अगर दूबी पहले हो जाए और इसलिए दोनों में बड़ी

तो कितना अच्छा हो।
अब तक न हुआ हो लेकिन ऐसा हो सकना चाहिए
कि मंज़िल पहिले आ जाए, रास्ता बाद में।

इतिहास भी अपने को हू-ब-हू दुहराने से रहा–
कुछ तो वह भी भूल जाएगा या बदल देगा,
जैसे कविता अगर फिर से होने का अवसर पाए
तो कई शब्द, बिम्ब बदल ही जाएँगे।
बीतता कुछ भी नहीं है, बदल जाता है,
मामूली हेरफेर होता है,
और अपने को आगे जारी रखता है जो पीछे था।

2005

काका से

अब जब हमारे बीच कुछ और नहीं बचा है
थोड़े से दुख और पछतावे के सिवाय
और हम भूल चुके हैं
तुम्हारे गुस्से और विफलताओं को
मेरे बारे में तुम्हारी आशंकाओं को,
हम देख सकते हैं
कि जीवन में आभिजात्य तो आ जाता है
गरिमा आती है बड़ी मुश्किल से।
जीवन गरिमा देने में बहुत कंजूस है :
हम दोनों को ऐसी गरिमा पा सकने का मुग़ालता रहा है।

कोई भी अपमान, फिर वह देवताओं ने किया हो या दुष्टों ने,
हम भूल नहीं पाए
जबकि जीने की झंझट में
ऐसा भूलना स्वाभाविक और ज़रूरी होता।
हमें विफलता के बजाय अपमान
क्यों अधिक स्मरणीय लगा,
यह, हो सकता है, एक पारिवारिक दोष हो,
एक किसान के बेटे के स्वाभिमान का,
एक छोटे शहर के कवि की आत्मवंचना का।
तुम्हें गए पैंतीस बरस होने आए
और मैं तुम्हारी उमर से कहीं ज़्यादा उमर का होकर
अभी बुढ़ा रहा हूँ।

तुम्हारे पास मुझे समझने की फ़ुर्सत नहीं थी

और मैं तुम्हें परखने में हमेशा अधीर रहा :
अब जब हमारे बीच थोड़ा-सा दुख और पछतावा भर बचा है,
मुझ पथहारे को तुम देख पाते तो तुम्हें लगता
मैंने अपनी ज़िद पर अड़े रहकर और अपमान को न भूलकर
तुम्हें ही दुहराया है :
असली दुख यह नहीं है कि
इतने बरस नासमझी में गुज़र गए
बल्कि यह है कि
अन्ततः मैं तुम्हारी फीकी आवृत्ति हूँ
जिसकी तुम्हें या मुझे
कभी कोई आशंका
या इच्छा नहीं थी।

2007

डगमग

वह डगमग चलती है
तो सारी पृथ्वी डोलती है,
डगमगाता है आकाश,
डगमगाता है
आदिकाव्य, ऋग्वेद की ऋचाएँ,
मन्दिरों में विजड़ित देव प्रतिमाएँ,
मेरी कविता का टेढ़ा-मेढ़ा आँगन,
वन प्रान्तर में अचानक हो गया सुनसान,
कनफोड़ शोर के बीच चिड़िया की तरह दुबक गया मौन।
वह डगमग चलती है
तो सारा ब्रह्मांड थम जाता है
प्रतीक्षा करता हुआ कि
मेरी नातिन पहुँच जाए
अपनी माँ याने मेरी बेटी की गोद में।

2007

कोई पुकारता है

समय के पार
ब्रह्मांड के श्याम गह्वर से
किसी कोंपल पर ठहरे हुए ओसजल को शब्द बनाते हुए
आलोक के एक तिर्यक् को
अँधेरे की चीख़ से बेंधते हुए
एक बरस की हुई नातिन की अटपटी चाल से
किसी पूर्वज की दर्ज़ न हो पायी प्रार्थना की अन्धभक्ति से
कोई पुकारता है :
ऐसी आवाज़ में
जो न देवता की है, न पक्षियों की,
न प्रेम की, न उल्लास की—
एक आवाज़ जो उजली और निश्छल है
जिसका अपने अतिरिक्त कोई और अर्थ नहीं
जो दस्तक देती है
सम्भावना के एक अदृश्य द्वार पर,
जो खुलता है
ऐसे जैसे
उसके घर में रहता है
सूरज,
अपने सारे काम खुद निपटाता हुआ
और फिर थककर सो जाता हुआ।

कोई ऐसे पुकारता है
जैसे उससे ही जन्मता और बसता है
घर, पास-पड़ोस, परिवार, पुरखे और देवता।

कोई ऐसे पुकारता है
जैसे काल की कोई छाया नहीं है,
जैसे न होना और होना एक जैसे है
जैसे सागर के गर्भ में
जो आग जल रही है
उसी से प्रज्वलित हैं सारी दीपशिखाएँ।

कोई ऐसे पुकारता है
जैसे मेरी नातिन के डगमग पग
धरती पर नहीं
आकाशपथ पर,
ब्रह्मांड की आकाशगंगाओं पर
उजले पदचिह्न छोड़ते हुए
जा रहे हैं
और हम, देवता, गन्धर्व-किन्नर
विस्मय से देख रहे हैं
जैसे कि यह पहली बार हो रहा है।

2007

कोई नहीं सुनता

कोई नहीं सुनता पुकार–
सुनती है कान खड़े कर
सीढ़ियों पर चौकन्नी खड़ी बिल्ली,
जिसे ठीक से पता नहीं कि
डरकर भाग जाना चाहिए या
ठिठककर एकटक उस ओर देखना चाहिए।

कोई नहीं सुनता चीख़–
सुनती है खिड़की के बाहर
हरियाये पेड़ पर अचानक आ गई नीली चिड़िया,
जिसे पता नहीं कि यह चीख़ है
या कि आवाज़ों के तुमुल में से एक और आवाज़।

कोई नहीं सुनता प्रार्थना–
सुनती है अपने पालने में लेटी दुधमुँही बच्ची,
जो आदिम अँधेरे से निकलकर उजाले में आने पर
इतनी भौंचक है
कि उसके लिए अभी आवाज़
होने, न होने के बीच का सुनसान है।

2005

‘यदि ये बोल पाते’ : चार कविताएँ

पत्तों का अकथ

हम किसी से नहीं कहते
न फूलों से, न वृक्ष से, न पक्षियों से–
हवा को नहीं बताते,
आकाश को सुनाई नहीं दे सकती,
धरती को फ़ुर्सत नहीं सुनने की
पर हमारी भी कथा है :
उसमें सुख या दुख का वृत्तान्त नहीं,
न उद्‌गम का मिथक
न अन्त का आभास,
उसमें कोई कथा नहीं है–
एक पत्ते का गिरते हुए
दूसरे उगते हुए पत्ते में चुपचाप अनदेखे
बदल जाने भर का रहस्य है।

पत्थरों की स्मृति

समय हमारे लिए
इस क़दर लम्बा है कि है ही नहीं–
हमारे रेशों में वे पर्वत अभी भी हैं
जहाँ से हम आए थे :
हमें जल लाया था या समय
याद नहीं :
हम दोनों के बीच कहीं होते हैं–

नीचे जहाँ समय की कोई पहुँच नहीं
बहुत नीचे जल के अतल में
हम ही होते हैं सारे प्रवाह को
अपने हाथों में उठाए हुए
जैसे कि जल बच्चा है,
गिर गया तो चोट लग जाएगी।
हममें कुछ वनस्पतियों के उलझे हुए सपने,
कुछ पक्षियों की सम्भव न हो पाईं उड़ानें,
कुछ पशुओं के स्थगित आखेट,
सब बन्द हैं :
हम आदि के अन्तहीन संग्रहालय हैं।

जल के सपने

बहुत पहले से सच हूँ,
सच का उद्‌गम हूँ :
बहुत बाद का सपना हूँ,
अन्त का सपना हूँ।

सब कुछ का कारण हूँ—
मैं हूँ इसीलिए सब कुछ है :
पता नहीं कि
ईश्वर ने कभी मेरा आचमन किया
या मुझे लेकर नहाया है—
मैं उस पर यह बोझ नहीं डाल सकता ईमानदारी से
कि उसने मुझे रचा है।
कई बार सोचता हूँ कि
क्या बिना किसी के रचे
मैं नहीं हो सकता?

सब कुछ को बहा ले जाता हूँ
कचरा, शव, इतिहास, भूगोल, शहर :

शब्द के अलावा
सब कुछ को डुबो देता हूँ।

चिड़िया की प्रार्थना

न, मेरा न कोई ईश्वर है,
न देवालय,
न कोई अनन्त।
मैं तो इन सब पर चहकती-फुदकती हूँ :
मेरे लिए काल अन्न का एक दाना है
जिसे मैं प्रसन्न होकर चुगती हूँ।

मुझे पता है कि मैं थोड़ी देर के लिए हूँ
इसलिए मुझे कई बार
बहुत देर तक बने रहने के जतन
समझ में नहीं आते।

मैं तो किसी और से नहीं
अपने से ही चाहती हूँ
कि एक दिन उड़ूँ
और उड़ते-उड़ते
हमेशा के लिए ओझल हो जाऊँ।
उस आकाश में
जहाँ सूर्य के बग़ल में बैठकर
तापा जा सकता है
और देवता बहेलियों की तरह ताक नहीं लगाते।

2006

दोपहर चार बजे की हलकी नींद की शाखा पर

दोपहर चार बजे की हलकी नींद की शाखा पर हिलगी हुई
एक पत्ती संचालित करती है अपनी हरी स्फूर्ति में
एक वृन्दवादन,
जिसमें देवंगत फूलों की सुगन्ध
पूर्वज लकड़ियों के रेशों के साथ
हतप्रभ पक्षियों के पंखों में दुबकी उड़ान के सपनों से मिलकर
आश्चर्यचकित जल की लगातार बहती मुस्कराहट उठाती है
पीली पड़ी वीरगाथाओं के शिथिल शौर्य से
समय की अलिखित स्वरलिपि
और जड़ों के कसमसाते अँधेरों के पड़ोस में
जम गए धरती के विलाप को मुक्त करती है
एक कृतज्ञ प्रार्थना में।
स्वरों को अन्न के दानों की तरह
अपनी चोचों में उठाकर
दूर ले जाती हैं घने वनों के
मेघाच्छन्न सुनसान में
चीत्कार करने के लिए चिड़ियाँ :
हाथों और आँखों के पार
सच की तरह संदिग्ध फिर भी सामने
खुलता है एक चौगान
जिसमें मनुष्य की लय में ही गाता है
ईश्वर एक सावधान बच्चे-सा
बिना इसका संकोच किये
कि यह गान किसी दूसरे का है।

2006

आवाज़ देता हूँ

आवाज़ देता हूँ
मरने से पहले झाड़ियों में फँसे
नीले हिरन की आँखों में छाए
आँसुओं के काले बादल को;
आवाज़ देता हूँ
प्रागैतिहासिक चट्टान के नीचे
धीरज से रिसते पानी के सोते को;
आवाज़ देता हूँ
दसवीं शताब्दी के मन्दिर में उत्कीर्ण
अपने भरपूर यौवन में अनश्वर
पर बूढ़ी हो गई रोग से जर्जर शय्याग्रस्त
स्त्री के नीरव विलाप को;
मैं आवाज़ देता हूँ
सीढ़ियों को,
चारपाइयों को, नसैनियों और झूलों को।

आवाज़ देता हूँ
निर्मम हत्या के बाद छा गई चुप्पी
पर ख़ून के धब्बों और उँगलियों की
असावधान छाप को,
अँधेरे में भी अपने रहस्य न खोल पा रही
विगलित होती बिलखती प्रिया को,
अकस्मात् ख़ाली पन्ने पर खिल आए
बालशब्द को।
मैं आवाज़ देता हूँ

गिनतियों, पहाड़ों,
असम्भव इबारतों
और लुप्त हो चुकी लिपियों को,
उन बच्चों को
जिन तक अक्षरज्ञान कभी पहुँच नहीं पाया।

आवाज़ देता हूँ
रतिक्लान्त जंघाओं पर असह्य लगते
झीने वस्त्र में सिर धुनते कपास को,
बटलोही के अन्दर पड़े रह गए
दाल के अनखाये रह गए दाने को;
पतंग के तार-तार होकर फट जाने के बाद
तार पर फिर भी अटकी रह गई उसकी डोर को।
मैं आवाज़ देता हूँ
दालानों, आँगनों, बरामदों,
खिड़कियों, दरवाज़ों को।

जिसे कोई नहीं सुनता
उस प्रार्थना को,
जो अधूरी ही रह गई
उस प्राचीन कविता को,
प्रेम में न तोड़ी गई चुप्पी को
इस कविता के बीहड़ से
आवाज़ देता हूँ।

2005

दरवाज़े सब बन्द हैं

दरवाज़े सब बन्द हैं, सिर्फ़ एक खिड़की खुली है
जिसमें से अन्दर का पुराना अँधेरा बाहर आ रहा है
रोशनी की कोई आहट नहीं है।
अँधेरे के आगे और अँधेरा है
हरा और गीला, कुछ समय पहले का।
उसमें कहीं निश्चेष्ट निस्स्पन्द पड़ा है
समय का लगातार घिसता जाता पत्थर।
कुछ अनभ्यस्त सीढ़ियाँ हैं,
पत्थर नीचे उतरना सीख रहा है।
सीढ़ियों के नीचे लगातार बह रहा अँधेरे का पानी है :
पानी में सन्देह की तरह तैरती काई है।
बहुत नीचे तल से थोड़ा ऊपर
पानी की अपनी आग है
जिसे रोशनी बनकर ऊपर तैरने के लिए
बहुत समय चाहिए।
समय अपनी अँधेरी उँगलियों से
अँधेरे के पानी में रोशनी टटोल रहा है।

2005

दरवाज़ा खोलकर

वे दरवाज़ा खोलकर आए
न कमरा था, न आँगन, न कोई गलियारा
सिर्फ़ अँधेरा था
रोशनी के बाद घना होने से पहले
पर न भोर थी,
न गोधूलि।
वे जो नहीं था उसी में आए।

उन्हें कोई अचरज नहीं हुआ
न फूल खिले थे, न बयार थी, न कलरव,
सिर्फ़ हरियाली थी
बारिश के बाद साफ़-धुली हुई
पर न घास थी,
न वनस्पतियाँ।
वे जो बियाबान होने से पहले था
उसी में आए।

उनके आने की कोई आवाज़ नहीं हुई
न उन्होंने कोई दस्तक दी
बाद में लगा कि दरअसल कोई दरवाज़ा था भी नहीं
वे जो नहीं था उसी में से आए।

कुछ लोग जा चुके थे ·
कुछ अभी जा रहे थे :
जो नहीं थे, न जाते, न जानेवाले

उन्हीं के बीच वे आए।

बहुत सारे शब्द
आँसुओं या पत्तियों की तरह झर चुके हैं,
जो कुछ शिलालेख की तरह विजड़ित बचे थे
उन्हीं को पुराने सिक्कों की तरह बटोरते
वे चले गए।

2007

देर से

हम वहाँ देर से पहुँचे हैं
जहाँ पुरखे काफ़ी समय प्रतीक्षा कर
जा चुके–
शाम होने को है, पत्तियाँ झर रही हैं
झुटपुटा-सा है
रोशनी तेज़ी से घट रही है।
हमने जो रास्ता लिया लम्बा था,
बहुत भटकने के बाद हमें ठीक दिशा मिल पायी :
सही जगह पर देर से पहुँचने का दुख लिये
अब हम निरुपराय खड़े हैं
एक निर्जन में जहाँ से लोग जा चुके हैं।

वे कुछ छोड़ गए हैं
सिरहाना-बिछौना, रसोई के बर्तन,
घड़े-भर पानी, दो-तीन पीली पड़ गईं पोथियाँ
और धीरे-धीरे कुम्हला रही दूर्वा–
उन्हें उम्मीद रही होगी
कि अपना अन्न हम अपने साथ लाएँगे।

हमारे पास
यहाँ ठीक-ठाक करने, सँभालने-सँवारने के लिए
कितना समय है
हमें पता नहीं,
हमारे पास तो
थोड़ा-सा धीरज, मुट्ठी-भर शब्द और नमक,

कुछ रोटियाँ-भर हैं।

सूनी गली में पड़ोसियों की नहीं
पुरानी प्रार्थनाओं की आहट है,
उड़के हुए दरवाज़ों को हवा बार-बार ठेलती है :
आँगन में लगे हरसिंगार में अभी भी फूल हैं
कल सुबह झर जाने के पहले।
यह गोधूलि है :
कम-से-कम रात घिरने से पहले
घुप्प अँधेरे में गुम हो जाने से पहले
हम कहीं पहुँच तो गए हैं :
कौन जाने यह पुरखों का नहीं
हमारा भी आख़िरी मुक़ाम हो!

2005

हमने शुरुआत तो की थी

हमने शुरुआत तो की थी
उम्मीद और अन्तःकरण के साथ,
लेकिन उम्मीद अब कब की जा चुकी है
और सिर्फ़ अन्तःकरण बचा है
जिससे उम्मीद करना बेकार है :
दुनिया की सचाई
अन्तःकरण से न मापी जा सकती है,
न ही बदली;
वह कुछ नहीं बचा पाता
सिवाय अपने के,
उससे कुछ प्रामाणिकता भले आती हो
गति सम्भव नहीं होती।

उम्मीद सिर्फ़ अपने को बचाने की नहीं थी,
उसमें बदलने की भी कुछ इच्छा शामिल थी—
लेकिन उसके लिए जो हिम्मत
और क्रूरता ज़रूरी थी
हमारे पास नहीं थी।
हमने अपने को पाक-साफ़ रखा,
वक़्त आने पर थोड़ी-बहुत हरकत भी की;
ज़ाहिर किया कि हम विरोध में हैं
लेकिन ऐसा नहीं हुआ
कि हमने रात किसी थाने में
या दिन किसी अदालती कठघरे में बिताये हों—
हमने धूर्तों-मक्कारों से भी

सौजन्य बनाए रखा
भले हम उनके भोजों में शामिल नहीं हुए।

शायद हमारे पास घृणा काफ़ी नहीं थी–
हम इतने भोले तो नहीं थे
कि दुनिया को प्रेम से
बस में कर पाने का भ्रम पालें
पर हमारे पास बहुत कुछ सिरे से ख़ारिज करने लायक़
घृणा नहीं थी।
हमने जो जोड़ बनाया
उसमें अन्तःकरण बचा रहा,
उम्मीद छीजती चली गई।

अब हम इस अचरज से भौंचक हैं
कि कभी हमें इतनी उम्मीद भी कैसे/क्यों थी
और कि उम्मीद के बिना
अन्तःकरण किस क़दर ख़ाली हो जाता है।

2007

वहीं से आऊँगा

मैं वहीं से आऊँगा
जहाँ से वे आए थे :
जहाँ पानी और नमक का उद्‌गम है,
नदी को छूती-न-छूती वृक्षों की शाखाएँ हैं,
बूढ़ों के चेहरों पर तकलीफ़ और सपने दोनों चमकते हैं,
जहाँ बच्चों को प्रतीक्षा रहती है ताज़े फलों और गर्म रोटियों की सुगन्ध की।
सपनों पर नाम या पता नहीं लिखा होता,
फिर भी मुझे पता है कि वे उन पुरखों के हैं
जिन्होंने किसी झील के किनारे सुस्ताते हुए सोचा था
कि राहत, हिम्मत और आकांक्षा पर सबका हक़ है
और सच में, जैसे जल में, सबका हिस्सा है।

मैं वहीं से आऊँगा :
जहाँ से वे आए थे–
मैं याद करूँगा वे बहसें जो चौक-चौबारों में हुई थीं
जीवन, आचरण और मर्यादा के बारे में
और उस अन्तःकरण को, जो सच बोलने की ज़िद पर अड़ा रहा
अकेले पड़ते और घोड़े की पूँछ से बाँधकर घिसटे जाने के बावजूद।

मैं वहीं जाऊँगा
जहाँ माना जाता है कि सच अकेले का भी होता है और सबका भी
और उसे जितना पाया जाता है उतना ही रचा।
मैं वहीं जाऊँगा जहाँ एक समय गढ़े गए देवता,
स्वर्ग और नरक,
अन्तरिक्ष में गूँजते अहरह गान।

वहीं सहायता और करुणा के गलियारे और उम्मीद के कंगूरे।

मैं जाऊँगा वहाँ जहाँ
लोग दूसरों को अँधेरी सरहदों के पार उजालों में छोड़कर
अपनी घुप्प रात में गुम हो जाते हैं।
मैं वहीं से आऊँगा
जहाँ से वे आए थे :
खुदे जाने के लिए पत्थर की तरह,
सुलगने के लिए कोयले की तरह,
राख हो जाने के लिए आग की तरह।
मैं वहीं से आऊँगा
जहाँ प्रार्थना में डूबे लोग
अत्याचार के विरुद्ध उठी चीख़ को अनसुना नहीं करते,
जहाँ कोई भी पुकारे दुखी या कोयल या राह भूल गई बुढ़िया
उसे उत्तर मिलता है
मैं वहीं से...

2005

वहीं जहाँ से

कटे-फटे चिथड़ों की मोटी सुतलियों से सी गई सतहों पर
चीनी मिट्टी के टुकड़ों पर
ज़ंगखायी कीलों से बन गई है पगडंडियाँ
जिन पर पहले से ही लहूलुहान आत्मा
चलती है : घावों में और कितने घाव किये जा सकते हैं?

किसी ने
अपनी गँधाती चिथड़ों और हड्डियों की दिल-दूकान से
कुछ कहना चाहा है,
इबारत एक ग़ायब होती भाषा में पढ़ी नहीं जा सकती।
लेकिन क्या सिर्फ़ इसलिए सुनी नहीं जा सकती चीख़?
चीख़ में कोई शब्द या इबारत अक्सर नहीं होते।

लहू दिखाई क्यों नहीं देता?
उसकी लालिमा क्या डर से सूखकर सफ़ेद पड़ गई है
और क्या यह ऐसा समय है कि
चूँकि रोज़ हज़ारों का कहीं-न-कहीं भूगोल में बहता है,
लहू देखना हमने बन्द कर दिया है?
रगों में होगा, लहू ने आँख से टपकना छोड़ दिया है :
आँसू भी अब आँखों में कम पर्दे पर ज़्यादा नज़र आते हैं।
यह वह समय है जो लहू और आँसुओं को सुखा-सोखकर
जीने का नया व्याकरण तैयार कर रहा है।

कोई भी पगडंडी या रास्ता
अब कहीं नहीं जाते :

लौटकर आ जाते हैं
वहीं जहाँ से
आत्मा का चिथड़ा होना,
ज़ंगखायी कीलें होना,
टुकड़ों-टुकड़ों चकनाचूर होना
और सुतलियों के सिये जाने के बावजूद समेटा न जा पाना शुरू होता है।

2005

कुछ और नहीं

कुछ और नहीं वापस आता,
सिर्फ़ समय लौटता है–
अधबीच में बुझ गई शुरुआतों को फिर सुलगाने,
पानी से पुँछ गए अक्षरों को
जतन से फिर लिखते हुए
इबारत पूरी करने की तरह,
उन शिखाओं को धुएँ और गर्दोगुबार में खोजकर
फिर अपने उचित समापन पर पहुँचने के लिए जलाने
सिर्फ़ समय लौटता है।
उसे कोई ठीक से पहचान नहीं पाता,
उसे जाननेवाले जा चुके होते हैं,
उसकी छाप पर रंगरोगन की नयी तह जम गई होती है।
भीड़ में दरअसल अजनबी लेकिन बिलकुल साधारण लगता
सिर्फ़ समय लौटता है।
उसके लिए ठीक जगह नहीं बची होती है
क्योंकि उस पर दूसरा हट्टा-कट्टा समय
धौंस-डपट और रौब के साथ क़ाबिज़ हो चुका होता है :
फिर भी,
बहुत दिनों तक बन्द रहनेवाले कमरे में रखी चीज़ों पर
जम गई धूल की परत की तरह
समय लौटता है।
वह लौटता है
लेकिन अब हमारे पास उसके लिए समय नहीं होता :
हम नहीं लौट पाते,
सिर्फ़ वही लौटता है।

2005

वहीं जाऊँगा

मैं वहीं जाऊँगा
जहाँ निशीथ के एकान्त अन्धकार में
चट्टानें विलाप करती हैं;
जहाँ वृक्ष अपनी हरीतिमा के आच्छादनों के पार सिसकते हैं;
जहाँ पक्षियों की डार यकायक चुप हो जाती है
जब उसे पता चलता है कि उनमें से एक
हमेशा के लिए पीछे छूट गया।
मैं वहीं जाऊँगा
जहाँ नदी-जल एक गड़हे में
नदी का आँसू बनकर ठिठका रह जाता है;
जहाँ शब्द ध्रुवान्त पर पहुँचकर डर से काँपता है कि
अब उसे कोई नहीं सुन पाएगा;
जहाँ पत्थर के नीचे उग आयी दूर्वा
जानती है कि उसे अब कोई पूजा के लिए नहीं ले जाएगा—
मैं वहीं जाऊँगा...
वहीं होगी मेरी जगह
होने के सुनसान में,
वहीं होगा मेरा ठिकाना
प्रार्थना और विलाप के बीच,
बढ़ती हुई धुन्ध के नज़दीक—
मृत्यु भी शायद वहाँ से ज़्यादा दूर न होगी।
मैं वहीं जाऊँगा...

2005

यह तो हुआ नहीं

अब यह तो हुआ नहीं
कि वे आ जाते वहीं से जहाँ से गए थे;
फिर भी हमने प्रतीक्षा की
जैसे वे उसी रास्ते आएँगे–
इस भरोसे का कोई आधार नहीं था
सिर्फ़ बेवजह एक उम्मीद थी।
हम इतनी देर तक राह देखते रहे
और भूखे-प्यासे वे पता नहीं कहाँ भटकते रहे
रेगिस्तान या जंगलों में।
उनसे कोई सम्बन्ध भी हमारा नहीं था
हम तो उन्हें संयोगवश मिले थे;
इतना काफ़ी नहीं था उन्हें
समझाने के लिए कि वे उस रास्ते न जाएँ;
हमें उसके ख़तरों का पता था
और उन अँधेरों का जो उन्हें ज़रूर दबोचेंगे उस रास्ते।
पर हम उन्हें आगाह करने से संकोच कर गए
और अब हमारी प्रतीक्षा पश्चात्ताप है
कोई उस ओर से आता दीखता है
तो हमें लगता है कि हो सकता है उनका कोई हरकारा हो
या उन्हीं में से कोई।
पर कोई भी आकर नहीं कहता कि
वे नहीं आएँगे, कि वे कहीं और से लौट गए
कि वे अब लौटना नहीं चाहते, कि वे अब लौट नहीं सकते
हम उनकी नहीं अपनी प्रतीक्षा में खड़े हैं
जैसे हम ही थोड़ी देर बाद उस रास्ते लौटनेवाले हैं।

2005

गाढ़े अँधेरे में

इस गाढ़े अँधेरे में
यों तो हाथ-को-हाथ नहीं सूझता
लेकिन साफ़-साफ़ नज़र आता है :
हत्यारों का बढ़ता हुआ हुजूम,
उनकी ख़ूँख़्वार आँखें,
उसके तेज़ धारदार हथियार,
उनकी भड़कीली पोशाकें,
मारने-नष्ट करने का उनका चमकीला उत्साह,
उनके सधे-सोचे-समझे क़दम।
हमारे पास अँधेरे को भेदने की कोई हिकमत नहीं है
और न हमारी आँखों को अँधेरे में देखने का कोई वरदान मिला है।
फिर भी हमको यह सब साफ़ नज़र आ रहा है।
यह अजब अँधेरा है
जिसमें सब कुछ साफ़ दिखायी दे रहा है
जैसे नीमरोशनी में कोई नाटक के दृश्य।
हमारे पास न तो आत्मा का प्रकाश है
और न ही अन्तःकरण का कोई आलोक :
यह हमारा विचित्र समय है
जो बिना किसी रोशनी की उम्मीद के
हमें गाढ़े अँधेरे में गुम भी कर रहा है
और साथ ही उसमें जो हो रहा है
वह दिखा रहा है :
क्या कभी-कभार कोई अँधेरा समय रोशनी भी होता है?

2005

अब बचा ही क्या है

अब बचा ही क्या है :
आँसू, फूल, पत्थर, पंख और शब्द
पुस्तकें और छबियाँ—
कोई नहीं जानता कि नदी सूख गई है;
किसी को ख़बर नहीं कि खिले होकर भी फूल ने मुँह मोड़ लिया है।
आगे का अँधरा पीछे के सारे उजाले को लीलकर
ओझल कर रहा है,
अप्रत्याशित का भय आत्मा से ऐसे चिपट गया है
जैसे किसी वृक्ष के तने से छाल।
अब बचा ही क्या है :
गाढ़ा और सख़्त होता जाता अँधेरा,
टिमटिमाती और एक-एक कर बुझती जाती रोशनियाँ,
कोई सहारा बाक़ी नहीं जानते हुए भी
सहारा खोजते निरुपाय हाथ,
और स्याह ख़ून से लिखी जाती कविता
जो अब सिर्फ़ समाधि-लेख भर हो सकती है।
अब बचा ही क्या है...

2005

कुछ भी नहीं बचता

कुछ भी नहीं बचता :
न पुराने प्रेम,
बचपन के भले मददगार लोग,
लड़कपन में
चुराकर देखी गई कोकशास्त्र की जर्जर प्रति,
किसी विदेशी शहर में
अनायास सीख लिये गए कुछ कामकाजी शब्द,
नीली बस की खिड़की पर टँगा हुआ-सा बूढ़ा हताश चेहरा,
काग़ज़ों के ढेर में बिला गए पुराने प्रेमपत्र,
शरीर का चकित रोमांच,
माँ की दी गई बुकनू-चुपड़ी रोटी का स्वाद—
कुछ भी नहीं बचता
आख़िर में।
हम बचते हैं
इन सबके बिना
छूँछे और ग़रीब :
कोई नहीं जान पाता
कि हममें इतना सब होकर
हमेशा के लिए बिला गया,
क्योंकि कुछ भी नहीं बचता।

2005

उम्मीद से आगे

रोशनी उम्मीद से आगे निकल गई है
उसकी चकाचौंध में
न उम्मीद दिखायी देती है, न नाउम्मीदी:
उनकी इबारतें धुल-पुँछकर मिट गई हैं।
पत्तियों की काँपती हरीतिमा से
चिड़िया कुछ चाहती होगी
यह कहना कठिन है :
उनका काँपते हुए होना सुन्दर है,
चिड़िया देखे, न देखे,
उन्हें धारे हुए वृक्ष जाने, न जाने।
बच्चे की आँखें धूप से चौंधिया कर मुँदी हैं
और उसे पता तक नहीं है कि
कितनी दूर तक फैल गया है धूप का प्रसन्न संसार।
रोशनी ने सब कुछ को ढकेल दिया है
सिवाय इस भरोसे के
कि अँधेरे की ही तरह
रोशनी में भी
सीढ़ियाँ पर हाथ थामे जा सकते हैं
बावजूद इसके कि रोशनी उम्मीद से आगे निकल गई है
और नाउम्मीदी भी नज़र नहीं आती...

2005

रोशनी दबाने में

हम अपनी रोशनी दबाने
और अँधेरा छुपाने में लगे हैं :
रोशनी आती है
लगातार संक्षिप्त होते अन्तःकरण के आयतन से
और हमारे समय में
औरों को तो क्या खुद हमें रास्ता नहीं दिखा सकती :
वर्तमान के हर दिन बढ़ते शब्दकोश से
अन्तःकरण शब्द कब का ग़ायब हो चुका है!
अँधेरा आता है
अन्दर के कोनों-अँतरों से
नसों में बहनेवाले ख़ून की तरह अनदेखा–
हम भागते हैं चकाचौंध की ओर
कि कहीं हमारी अँधेरी आत्मा हमें लील न ले
हम सूर्य की सन्तान हैं, हम डरते हैं कि
कहीं हमें अँधेरे का वंशज न मान लिया जाए!
हम रोशनी दबाते हैं
हम अँधेरा छुपाते हैं
हम एक झुटपुटे में हैं
जिसमें सब लोग बोल रहे हैं
कोई कुछ कह नहीं रहा है,
मैं भी नहीं।

2006

उसके हाथ

उसके हाथ में पुरानी गड्डमड्ड हो गईं
रेखाओं के अलावा कुछ नहीं है—
थोड़ी-सी गरमाहट, हलका पसीना
और कुछ को भी देर तक
न सँभाल पाने का अवसाद :
वह सिर्फ़ लिखता है
जैसे शब्दों में अभी भी सच हिलगा हुआ है
कि उनके ढेर से
थोड़ा-सा सच अभी भी खोजा जा सकता है।
लिखते हुए उसके हाथ
उसकी लम्बी चुप्पी के बावजूद
दुनिया से बतियाते हैं
और उनके पास आ जाती है
दुनिया की ख़बर—
पानी के हाल
हवा की रफ़्तार
आग की जगहें
फूलों के खिले हुए सपने
अपने ख़ाली हाथों को निहारते हुए
कभी-कभी वह सोचता है :
दुनिया शब्दों के अलावा
और कहाँ बच पाती है आख़िरकार!

2006

वे सब

वे सब
जो हार गए,
जिनके पास टूटे पहिये तक नहीं बचे,
न ध्वजाओं की चिन्दियाँ;
वे सब
जो विकलांग घर लौटे
बिना किन्हीं वीरगाथाओं के;
वे सब
जिनके पास न शब्द बचे न व्याकरण,
वे सब
जब आए
तो इतिहास का बूढ़ा-झक्खी मुन्शी
अपना रोज़नामचा बन्द कर
अँधेरे में आराम करने जा चुका था।
उनके पास
प्रतीक्षा करने का धीरज नहीं था;
उन्हें घर-बिस्तर,
रोटी-पानी,
राहत-मरम्मत और नींद की दरकार थी
इतिहास की नहीं
जिसे बदलने की उम्मीद से
वे लड़ने गए थे
और अब उससे भरपाये थे।

2007

कोई नहीं पूछता

उससे कोई नहीं पूछता
कि क्या हुआ
क्योंकि वह हारे हुओं का वृत्तान्तकार है।
उसे वीरता और बर्बरता के बीच
अन्तर का पता है
और वह जानता है
कि सब कुछ
सीधे-सीधे साफ़-साफ़ नहीं हुआ।
वह बता सकता है
कि कैसे सब कुछ
दोनों तरफ़ मटमैला ही था :
स्याह पर सफ़ेद के चकत्ते,
और सफ़ेद पर स्याह के धब्बे।
जो हारे उनमें से कई
कइयों को मारकर मरे
और जो जीते उनमें से भी
कई बाक़ी नहीं बच पाए :
लूट-पाट दोनों ने की–
जीत वे लूट ले गए,
हार का पाट इनके हिस्से आया।
उससे कोई नहीं पूछता
क्योंकि वह जानता है
जीत के सच
और हार की सचाई के बीच की दूरी;
क्योंकि उसकी राय में

न कोई जीतता है,
न कोई हारता है,
सब देखने का फेर-भर है।

2007

कोई जगह नहीं

अब जीवन का अर्थ निकालने बैठो
तो क्या हासिल होता है :
घास, आकाश,
दुख, प्रार्थना और प्रेम—
संसार की कभी न ख़त्म होनेवाली बेतरतीबी में
थोड़ा-सा थिगड़े-जैसा विन्यास?
कुछ चेहरे याद आते हैं
और कुछ याद करने पर भी नहीं
कुछ स्पर्श
कुछ शब्द
जो छोड़ दिये गए
अपनी गरमाहट में अकेले और अप्रत्याशित।

कुछ आँखों में चमक
कुछ उदासी
कुछ विफलता का भूरा-सा अवसाद।

कुछ-कुछ नहीं
कुछ सबकुछ
कुछ समय की खिड़की के नीचे
किरकिराती-सी रेत
और कुछ पिछवाड़े कहीं
समय के पार बहता जल।

उम्मीद की बुझती-धुँधवाती लौ,

अँधेरे की निःस्पन्द पड़ गईं उँगलियाँ,
दरवाज़े के नीचे न जाने कहाँ से
आ रहीं चीटियों की एक क़तार
और सामने के पेड़ पर
अनजानी बैठी एक चिड़िया।

जब दरवाज़े बन्द कर
ताला लगाने आएगा देर रात चौकीदार
तो दहलीज़ पर होंगे
कुछ शब्द
रैन बसेरे के बिना ठिठुरते हुए
और जिनके लिए अब कहीं
घर में भी अब कोई जगह नहीं
बची।

2006

यह सपने में खौलता हुआ

यह सपने में खौलता हुआ सच है।
रोटी में धीरे-धीरे पककर
कत्थई पड़ता हुआ सच।
यह शब्दों के सुनसान में
घिसटती हुई ख़ामोशी है।
यह बेवजह उठा हाथ है
जो न किसी को थाम सकता है
न दे सकता है दिलासा–
जो न प्रार्थना में उठा है
न किसी प्रहार में
यह हाथ है जो किसी के साथ नहीं।
यह एक हरी पत्ती है
अपनी अनगिन शिराओं में रसायन से
काँपती हुई
झरने के पहले हवा का प्रतिरोध करती हुई।
यह शब्द है
समय को चाँपे हुए,
अपने को एक नक्षत्र की तरह
ज्वलन्त किये।

2006

चाहूँ तो

मैं चाहूँ तो रद कर सकता हूँ
खिड़की पर अटकी हुई शाम की आख़िरी धूप,
अँधेरे कोने में जम-सी गई ठंड,
समय के सुनसान के पार उभरता प्रेम-चेहरा।

मैं अपनी बालकनी में घूमते हुए
मिटा सकता हूँ अवसाद का सूर्यास्त,
उदासी की झिलमिलाती-बुझती-सी रोशनी,
कविता में न जा पाने की विफलता की ज़िद।

मैं स्थगित कर सकता हूँ
पवित्र दीवार पर प्रार्थना का विजड़न,
चिड़ियों की चहचहाहट में
सिर न उठा पा रहा जीने का उल्लास,
बूढ़े आदमी की रसोई में खुदबुदाती दाल की खीझ।

मैं पोंछ सकता हूँ
खिड़की के काँच की नमी पर
उभरता विस्मृत देवता का चेहरा,
पुस्तकों के पुरानेपन में सुगबुगाती
शब्दों की ताज़ी रोटिया गन्ध,
अपने होने का अब तक बचा हुआ आख़िरी निशान।

मैं कह सकता हूँ
मेरे लिए भले हो

आपके लिए
जीने के वास्ते
कविता क़तई ज़रूरी
या मददगार नहीं है!

2006

हमेशा कम

मैं कैसे कहूँ
कि क्या हुआ?

मैंने जो देखा
वह तो इतना भर था
कि कुछ पत्तियाँ झरीं
कुछ भरभराकर गिरने की आवाज़ आयी,
कनफोड़ कोलाहल में
दुख का अनसुना नीरव आघात हुआ,
जो जगह भरी-पूरी थी
गरमाहट और संगसाथ की थी
अकस्मात् ख़ाली और ठंडी हो गई।

हुआ तो और भी होगा
लोग सहारा देने दौड़े होंगे,
कुछ को तरस आया होगा,
कुछ को लगा होगा
कि ज़्यादती हुई है
और कुछ को लगा होगा
कि ठीक ही हुआ
देर-सबेर यह तो होना ही था।

देखने-जानने-होने के बीच
ढेर सारी परतें हैं
आवाज़ें और चीख़ें हैं—

जो देखता है कितना जानता है?
जो जानता है
उसे कितना पता है कि क्या होता है?
शब्द हमेशा कम हैं
देखने के लिए, जानने के लिए, होने के लिए?

2005

कवि के अलावा

कवि के अलावा
यहाँ कुछ भी अकेला नहीं।
चींटियाँ जा रही हैं जहाँ भी
एक क़तार में,
पत्तियाँ काँप रही हैं हवा से
एक के बाद एक नहीं, सबकी सब एक साथ।
कवि को याद नहीं आता कोई अकेला शब्द—
याद आते हैं कई या वाक्यों में बँधे हुए
प्रेम में कहे गए, विलाप में सोचे गए।

पुस्तकों पर धूल जमती रहती है धीरे-धीरे
लेकिन उसका एक कण नहीं परत-पर-परत।
दूर सड़क पर खिड़की से दीख पड़ता है एक अकेला आदमी
पर जल्दी ही उसके पीछे एक बच्चा और एक औरत
और उनके पीछे एक रिक्शा एक मोटे थुलथुल को लादे हुए
पसीने से तरबतर।

उसके अलावा
यहाँ कुछ भी अकेला नहीं।
कहीं सुनसान में दिपता है जुगनू-सा कोई सपना अकेला,
कहीं भीड़ में बिला जाती है किसी की मनोहर छबि,
कहीं आकाशगंगा में भटककर अकेला पथभ्रष्ट हो जाता है कोई नक्षत्र।
अब कवि सोचता है
अगर इतने सारे साथ हैं, घेरे हैं
तो वह भी कैसे और कहाँ अकेला है?

2005

बर्बर और बचपन

पहली कठिनाई यह है कि
सभी बर्बर शुरू में बच्चे थे
सबकी तरह;
उन्हें भी धूप, तितलियाँ, चिड़ियाँ, हरी पत्तियाँ, मिठाइयाँ
पसन्द थीं;
उन्हें कई ललित छन्द याद कराए गए थे
जिनमें संसार, सुन्दरता, सहायता और कामना की स्तुति थी;
उन्हें वे धार्मिक कहावतें कंठस्थ थीं
जिनमें बताया गया था कि
जीवन प्रेम और सहयोग से भी सार्थक होता है।

दूसरी कठिनाई यह है कि
बड़ा होने पर उन्हें दूसरों की ज़मीन और पड़ोस,
जानमाल ध्वस्त करने का प्रशिक्षण दिया गया
और उन्होंने मुस्तैदी से अपनी ज़िम्मेदारी समझते हुए
सबको समान और मुनासिब बेरहमी से
मौत के घाट उतारा।
बूढ़ों-बच्चों-जवानों-स्त्रियों में
रत्ती-भर भेदभाव नहीं किया।
नष्ट करते हुए उन्हें खेल जैसा मज़ा आया
और उन्होंने अपनी जीत का शानदार जश्न मनाया।
फ़ोन पर उत्साह से अपनी पत्नियों, प्रेमिकाओं और बच्चों को
अपने सकुशल होने की सूचना दी।

तीसरी कठिनाई यह है कि

असल में बर्बरों को बचपन से गुज़रने की ज़रूरत ही नहीं थी;
वह एक जैविक अड़ंगा-भर था
और बच्चों को क़ायदे से मारने के लिए
बचपन से परिचय क़तई ज़रूरी नहीं है...
यह तो अच्छा है कि
बचपन बर्बरता में कोई बाधा नहीं बनता--
बर्बरों को कभी उसकी याद तक नहीं आती!

2005

तीन कायर गीत

जल्दी में था

मैं जल्दी में था–
मुझे अपने बच्चे के लिए खिलौने लेकर घर पहुँचना था,
मुझे सत्रह नम्बर की बस पकड़नी थी,
मेरे पास इतने रुपये नहीं थे कि मैं उसके लिए दवाई लाता,
मुझे ख़ून से सख़्त चिढ़ है–
मुझे डर लगता है,
कोर्ट-कचहरी जाने से घबराता हूँ,
मेरे पास नई फ़िल्म की टिकटें थीं,
देर हो रही थी,
हमेशा भीड़भाड़ से दूर रहता हूँ,
मुझे पता नहीं कि दरअसल हुआ क्या?
मैं क्या जानूँ उसके बीच क्या रंजिश थी?
मैं नहीं समझता कि अगर मैं बीच-बचाव करता
तो वह बच जाता।
उलटे मुझको भी चोट ज़रूर लगती।
मैं सीधा-सादा आदमी हूँ।
आप मुझे चैन से रहने देने से
क्यों रोकना चाहते हैं?
क्यों चाहते हैं कि गवाही दूँ
उस वारदात की जिसे मैंने इतनी दूर से
पल-भर के लिए, वह भी ठीक से नहीं, देखा?
मुझे दुख है कि वह आदमी मारा गया।
आजकल ज़माना ख़राब चल रहा है।
मैं बचकर रहना चाहता हूँ।

मैंने कुछ नहीं किया

मैंने कुछ नहीं किया—
जिस ओर वे जा रहे थे, मैं भी गया;
वे पत्थर फेंक रहे थे, मैंने भी फेंके;
उन्होंने आग लगाई, मैंने भी लगाई;
फिर वे भागे, मैं भी भागा :
मैंने कुछ नहीं किया।
अगले दिन मैंने अख़बार में पढ़ा कि
उस झमेले में दो औरतें और एक बच्चा
जलभुनकर राख हो गए।
मुझे बुरा लगा।
मैंने कुछ नहीं किया।

कौन झंझट में फँसे

इधर मेरी बस्ती में गन्दगी बढ़ गई है,
पता नहीं कहाँ से कुछ अजीब क़िस्म के लोग
लुच्चे-लफंगे यहाँ आकर बस गए हैं।
आए दिन झगड़ा-झाँसा चलता है,
उस तरफ़ से निकलना भी ख़तरा मोल लेना है।
मैं दूर रहता हूँ :
अपनी खिड़की से कभी-कभी मुझे
कुछ जलता, धुँधवाता,
सड़ता-गलता दिखाई देता है।
मैं अपनी पुस्तकों में डूब जाता हूँ;
मैं मुश्किल से अपने को बचा पाता हूँ।

मुझे लगता है कि वहाँ
मेरे दर्ज़ी का घर फूँक
या कुँजड़े का मकान ढहा दिया गया है—
मैं उनको राहत देने की गरज़ से

एक पोटली में कुछ खाना
और कुछ पुराने कपड़ों की गठरी बनाकर
उस ओर जाने की सोचता हूँ
लेकिन फिर
कौन झंझट में फँसे यह सोचकर रह जाता हूँ।

मैं ग़लत जगह, गन्दे वक़्त,
झगड़ालू पड़ोस,
ख़ूँख़्वार लोगों के बीच फँस गया हूँ—
मेरा अन्तःकरण शुद्ध है।
सोचता हूँ शहर या कम-से-कम
अपना मोहल्ला बदल लूँ।

2005

लोग पवित्र को बचाते हैं

लोग पवित्र को बचाते हैं :
आततायियों के आने पर
उसे छिपा देते हैं सहन में—
फटे-पुराने कपड़ों के बीच
कभी कोई बच्चा रख लेता है उसे
अपने बस्ते में किताबों-कापियों के बीच,
कभी कोई स्त्री उसे सहमकर डाल देती है
अपने स्तनों के बीच,
कोई बुढ़िया रख देती है उसे
कोने में पड़े कमरे में,
कोई भेज देता है उसे थोड़े समय के लिए विदेश
साधारण-सी चिट्ठी में सूखी पत्ती की तरह रखकर,
लोग पवित्र को बचाते हैं।

उसकी रक्षा नहीं कर सकते देवता,
न देवदूत उस पर पहरा दे सकते हैं,
उसे बचाते हैं लोग ही।
वे जासूसों को पास आते देख
उसे मुँह में भरकर दातून करने लगते हैं
और कभी मुखाग्र यादकर
फाड़ देते हैं उसके दस्तावेज़ी सुबूत।
बे बोरों-भरे अनाजों के बीच
धीरे-धीरे पकनेवाले कच्चे आमों के बीच छुपा देते हैं
और कभी लटका देते हैं सामने के पेड़ पर
गठरी में बाँधकर।

वे भूलकर भी उसका ज़िक्र नहीं करते दूसरों के सामने
पर मन-ही-मन दुहराते रहते हैं एक मनपसन्द गीत की तरह।
जब अँधेरा ज़्यादा गहरा और काला हो जाता है
और उम्मीद की एक लौ तक नहीं बचती
वे उसे हथेलियों में बन्द जुगनू की तरह
महसूस करते हैं।

पवित्र अपने को बचा नहीं सकता
लोग ही पवित्र को बचाते हैं।

2005

स्तुति

मैं स्तुति करना चाहता हूँ
उसकी जो दस्तक दे रहा है दरवाज़े पर
सुबह-सुबह दूध के पैकेट्स और अख़बार देने के लिए;
जो थोड़ी देर बाद साफ़ करेगी मेरे घर के फ़र्श
और उनपर पोंछा लगाएगी;
उसकी जो कई शहरों से चिट्ठियाँ और न्यौते
बाहर दरबान को तेज़ दोपहरी में मेरे लिए दे जाएगा;
उसकी जो नहा-धोकर रसोई में दाल-सब्ज़ी पकाएगा
और खाने के वक़्त फुर्ती से गर्म रोटियाँ परोसेगा;
उसकी जो हरी मिर्च काटकर उसमें तेल-राई मिलाकर अचार रखेगी
और उसकी जो खोंचे के लिए चटपटा सोंधा समोसा बनाएगा।

मैं स्तुति करना चाहता हूँ
उसकी जो दीवारें पोतता है
और कड़ी धूप में इमारतों में लगाने के लिए ईंटें सिर पर ढोता है;
उसकी जो देर रात गए सब्ज़ियों की दूकान मोमबत्ती जलाकर खुली रखता है
और उसकी जो कहीं और जगह न पाकर फुटपाथ पर अख़बार बिछाकर थककर
सो जाता है;
और उसकी जो ख़ुद मरघिल्ला होने के बावाजूद चार थुलथुल सवारियों को
पसीना-पसीना होते हुए भी आधी रात को उनके घर पहुँचाता है;
और उसकी जो चौकीदारी करता है मुस्तैदी से उस सबकी
जो उसका नहीं है;
और उसकी जो क्यारियाँ गोड़ते-गोड़ते अलसाकर
चिड़ियों की चहचहाहट के बीच किसी पेड़ की छाया में सो जाता है;
उसकी जो बग़ल की झुग्गी में से ज़रूरतमन्द बच्चे को

लाकर देता है स्लेट और पैन्सिल।

मैं स्तुति करना चाहता हूँ
उन स्त्रियों की जो आकर मसाला कूटकर बर्नियों में भरकर रख जाती है
और चावल-दाल से कंकड़ बीनकर साफ़ कर जाती है
और उन बच्चियों की जो खदानों में
कंकड़-पत्थरों में से बीनती हैं हीरों की कनियाँ;
और उस बूढ़े की
जो पार्क की बेंच पर भूखा सोता है
और किसी से कुछ नहीं माँगता,
उस बच्ची की जो सुबह किलककर
खिड़की से बाहर का दृश्य देखते हुए अपनी अपंग-बीमार माँ को
बताती है कि कैसे सूर्योदय हो रहा है और एक नीली चिड़िया सामने के पेड़ पर
फुदक रही है।

मेरी कविता उन सबके सामने सिर झुकाती है
जो हमारी दुनिया को सम्भव और सुन्दर बनाते हैं,
बिना जाने या जताए कि वे ऐसा कर रहे हैं–
आज मेरी कविता सिर्फ़ उनकी स्तुति है।

2006

जब सभी

जब सभी लोग नष्ट करने के मुखर उत्साह में हो
तब कुछ बचाने की गुपचुप कोशिश,
मैं जानता हूँ,
एक बुढ़ाता हुआ रूमान है :
मुझे पता है कि
अन्ततः कुछ भी नहीं बचता
जैसे कि यह भी कि कुछ भी पूरी तरह से नष्ट नहीं होता।
हम नष्ट कर कुछ भी नहीं रच पाते और
बचाकर भी हम कुछ-न-कुछ नष्ट करते हैं।

इन दिनों
टुच्चे सपनों की ज़द में कितना कम आता है
और अब किसी को याद नहीं, सफलता के लिए आपाधापी में,
कि जो कुछ सच होता है
उसे पहले सपना होना होता है,
कि सपने से पहले कुछ भी सच नहीं।

यह समझाना दिन-ब-दिन मुश्किल होता जाता है
कि हर सच मटमैला और अक्सर लहूलुहान है
और उसे किसी लॉण्ड्री जैसी जगह से
धुला-साफ़ इस्तरी किया हुआ थैले में बन्द
दिए हुए नम्बर पर पा सकना मुमकिन नहीं है।

रास्ते सब वहीं जाते हैं
जहाँ हम पहुँचना चाहते हैं

पर उनमें से कोई भी वहाँ ख़त्म नहीं होता
क्योंकि रास्ते के सिवाय दरअसल कोई मंज़िल है नहीं।

उम्मीद छोटे-छोटे टुकड़ों में इस क़दर
तितर-बितर हो गई है
कि किसी को अब याद तक नहीं कि
शुरुआत में वह दुनिया को बदलने,
उसे बेहतर बनाने की उम्मीद थी।

हम अब लौटकर घर नहीं आएँगे
क्योंकि अब भूगोल से घरों के निशान मिट चुके हैं,
सिर्फ़ शहरों के धब्बे बचे हैं
जिनके एक के बदले दूसरे के बदले तीसरे होने से
कुछ ख़ास फ़र्क़ नहीं पड़ता—
नक़्शा देखकर
अब कोई न तो मुहल्ला पहचानता है,
न कोई पड़ोसी बता सकता है कि
कठचन्दन-बकौली के पेड़ों के पास
पटेरियाजी से किराये पर लिया
अन्दर के कुएँवाला मकान
हमारा घर था।

हम जितना बदलते हैं
दुनिया उससे कहीं ज़्यादा तेज़ी से बदलती है।

2006

दुनिया को

दुनिया को एक पुरानी पुस्तक की तरह पढ़ना चाहिए
जिसके पीले पन्नों से नए छापे की गन्ध आती है,
जिसकी इबारतों के बीच
कहीं अर्द्धविराम की तरह पर्वत खड़े हैं
और नदियाँ ऐसे बहती हैं
जैसे शब्दों की स्याहियाँ पिघल रही हों।

दुनिया ऐसी पुस्तक है
जिसे कोई और नहीं
ख़ुद दुनिया ही लिखती है।

वे लोग होते हैं
जिनके हाथ दुनिया की असंख्य इबारतों में से कुछ
आधी-अधूरी लग जाती हैं
और दुनिया उन्हें यह दावा करने देती है
कि वे उसकी रची इबारतें हैं।

ध्यान से देखनेवाले को साफ़ समझ में आता है
कि हर कविता की इबारत के नीचे
कई और इबारतें तह-दर-तह दबी हुई हैं।

दुनिया को लिखना
दरअसल उसे पढ़ना भर है
थोड़ा ध्यान से
कुछ अक़्ल से।

2006

दुनिया बदलना

चूँकि ईमानदारी एक अल्पसंख्यक गुण है
और ईमानदार लोग कम हैं,
उनसे यह उम्मीद करना बेमानी है
कि वे दुनिया को बदल सकते हैं :
इतने कम लोग तो अपना पड़ोस तक नहीं बदल सकते,
दुनिया तो बहुत दूर की बात है।

इसका मतलब यह है
कि दुनिया बदलने का काम बेईमानों के मत्थे जाता है
जिन्हें, ज़ाहिर है, ऐसा करने में कोई दिलचस्पी नहीं होती।

कुल मिलाकर हालत यह बनती है
कि ईमानदार दुनिया बदल नहीं सकते,
बेईमान बदलना नहीं चाहते।

ईमानदारों की संख्या बढ़ाना
एक दीर्घकालीन अभियान है
जो हमारे जीवन-भर पूरा होने से रहा,
विकल्प यही बचता है
बेईमानों को किसी तरह राज़ी या प्रेरित किया जाए
कि वे दुनिया बदलने में कुछ दिलचस्पी लें।
बेईमानों से इस मामले में संवाद शुरू करने में,
ज़ाहिर है कि बड़ी हिचक है।

फ़िलवक़्त यह बहस बेकार है कि

कि हम खुद क्या हैं : अल्पसंख्यक या बहुसंख्यक?
लेकिन क्या हम सदियों से यही कोशिश कर रहे
स्वप्नहारे लोग नहीं हैं,
जो दुनिया बदलने का सपना
बेकार मानकर घूरे पर फेंकने के पहले
एक बार ठिठककर सोच भर रहे हैं
कि क्या मनुष्यता के इतिहास में सचमुच
वह मुक़ाम आ चुका
जब दुनिया बदलना आदमी के हाथ में नहीं रहा,
न उसके बस में?

2002

साधारण की एक गाथा

उसे मालूम था
कि वे अब तक उसे
भूल चुके होंगे।

हमारे समय तक आते-आते
वीरगाथाएँ इतनी अधिक हो चुकी हैं
कि उन्हें तक याद रखना सम्भव नहीं रहा है,
आम क़िस्से-कहानी तो दूर।

उसकी कहानी सीधी-सादी थी
और उसमें नाटकीयता और ट्रैजेडी
दोनों की कमी थी।

ख़ासी मुश्किलों के बावजूद
कोई अपने को
अपने अन्तःकरण को बिना विकलांग बनाए
बचा सके
इसमें ऐसा क्या था
जिसे कोई और देख-समझे
और याद रख सके?

उसने कुछ की मदद की,
कुछ की ज़्यादतियों की अनदेखी,
अपना अटाला नहीं भरा,
दूसरों को लूट-पाट करते देखता रहा,

दुख में हाहाकार नहीं किया
और सुख इतना हुआ ही नहीं
कि किसी और से बाँटने की नौबत आए।
प्रेम कई किये
पर उनकी कविता नहीं बना सका
और मरघट से
कई संगी-साथियों के चले जाने की उदासी लिए
जब भी वह लौटा
उसकी आँखों में आँसू नहीं थे।

उसके पास छोटे हृदय में समा सकनेवाली
करुणा थी,
थोड़ी-सी घृणा और
हर समय सहमा हुआ अन्तःकरण।

उसके बूढ़े थके-हारे चेहरे में
ऐसा कुछ नहीं था
जिससे लोगों को अख़बार या टेलीविज़न पर
छपा-दिखा कोई चेहरा याद आए।

शब्द भी उसके पास कम ही थे :
वह कभी, प्रेम तक में,
कोई चमकता मुहावरा नहीं कह पाया।
स्कूल के रजिस्टर में,
दूकानदारों के खातों में,
डॉक्टरों के नुस्ख़ों में,
थानों के रोज़नामचों में
उसके नाम के हिज्जे हमेशा ग़लत लिख जाते रहे।

इसलिए जब वह लौटा
तो चौक-बाज़ार या
पुराने मुहल्ले में कोई उसे पहचानेगा

इसकी उसे रत्ती-भर उम्मीद नहीं थी।

उसके पास अचानक एक बच्चे ने आकर
जब उसका हाथ पकड़कर
उससे एक पतंग दिलवाने की ज़िद की
तब उसे लगा कि
उसके आख़िरी सिक्कों से
कुछ खुशी अब भी ख़रीदी जा सकती है।

वह जानता था
कि वह बच्चा भी उसे
नहीं उस चितकबरी पंतग को ही
याद रखेगा।

2007

पुकारना

तुम्हें पुकारना चाहता हूँ
न्यौता देना चाहता हूँ
देवताओं, पक्षियों, वनस्पतियों, नक्षत्रों को;
गाना चाहता हूँ
अज्ञात भाषाओं, अनाम स्वरलिपियों में असंख्य गान;
बुदबुदाना चाहता हूँ
जीवन-भर साथ देती रहीं कविताएँ;
बिछाना चाहता हूँ
सुरों की एक विराट ज़ाजम
जिस पर असंख्य लोग बैठकर सुन सकें;
पृथ्वी से आकाश और उसके भी पार
अन्तरिक्ष तक तान देना चाहता हूँ
संसार के सभी शब्दकोषों के सभी शब्दों का वितान
जिसका सिर्फ़ एक अर्थ हो,
बजाना चाहता हूँ
सारी पत्तियों, फूलों, पँखुरियों को
एक ऐसे वृन्दगान में
जिसे तीनों लोगों में हर कोई सुन सके;
तुम्हें दिगम्बर कर
तुम्हारे हर रोम पर एक आदिशब्द रखकर
तुम्हें इस तरह ढाँक देना चाहता हूँ
कि तुम्हीं से आरम्भ हो सारा संसार—
मैं तुम्हें
रुँधे हुए समय के पार

अपनी मृत्यु से परे
पुकारना चाहता हूँ...

2005

हमने

हमने चन्द्रमा, सूर्य, आकाश, पृथ्वी नहीं बनाए
पर समय तो हम ही ने बनाया :

पर्वत, पत्थर, चट्टान, नदी, जल आदि
हमने नहीं बनाए
पर घर तो बनाया हम ही ने :

ईश्वर होगा स्वयम्भू
पर मूर्तियाँ, मन्दिर
और प्रार्थनाएँ तो हमने बनायीं :

उसने रचा होगा ब्रह्मांड
लेकिन हमने बनाए कपड़े,
हमने पकाए अन्न,
हमने उगायीं सब्ज़ियाँ,
हमने रचे खिलौने,
कविताएँ, गाथाएँ, स्मृतियाँ
हमने बनायीं भाषाएँ,
रचे शब्द,
खोजे रंग और स्वर
उसके ब्रह्मांड के बरक़्स
हमने बनाया संसार!

2005

पलटकर

मैं पीछे पलटकर देखना चाहता हूँ
उसे नहीं जो पहले हो चुका
बल्कि उसे जो आगे होनेवाला है :
पलटकर इसलिए कि जो आगे हो
वह आख़िरकार पीछे होगा,
जो बीत चुका वही इतिहास नहीं है,
जो होगा वह भी इतिहास है।
मैं जानना चाहता हूँ
कि क्या वैसे ही लोग होंगे
अपना सब कुछ भुलाकर
बेहतर दिनों की उम्मीद करते हुए
और ऐसे भी लोग उम्मीद और हक़ सब हड़पकर
उन पर क़ाबिज़ हो जाएँगे?
मैं पता करना चाहता हूँ
कि जब हत्यारे आएँगे चौक में
खुले आम डंके की चोट पर ख़ून करने
तो उसके अन्तःकरण को छलनी करनेवाले
शब्द कहने की हिम्मत करनेवाले लोग होंगे?
कोई स्त्री जो अपने शरीर का घोर अपमान सहकर
पालेगी-पोसेगी पवित्रता को
लुटेरों से छुपाकर?
कोई बूढ़ा जो अपनी आत्मा की क़न्दील की
नीमरोशनी में लिखेगा
आदमी होने की तकलीफ़ को
बार-बार पुरानी पड़ती फिर भी हमेशा नयी कहानी?

मैं पलटकर पहचानना चाहता हूँ
उनको जो साथ होकर भी पीछे छूट जाएँगे,
जिनका गला भले रुँधा हो
पर जिनके पास सच के शब्द होंगे :
मैं पलटकर देखना चाहता हूँ
कि आगे जो समय है
क्या वही है जो पहले पीछे था।

2006

पाँच कविताएँ

1

गिरता है एक पत्थर
एक चिड़िया का पंख
एक फूल की असमय मुरझा गई पंखुरी
एक शब्द का भुलाया जा चुका बचपन :
सब गिरते हैं
इस ठंडे उजाले की फैली विशाल हथेली पर
और सब को यह उजाला देता है अभय
जैसे कविता देती है भाषा को समय।

2

इन आवाज़ों के तुमुल से
तहस-नहस होती हुई आती है एक पुकार
इतनी पवित्र कि देवता तक उससे घबराते हैं।
वह पुकार जो तुम्हें बुलाती है
सारे दरवाज़ों और आँगनों के बार
खिड़कियों से बाहर
एक उजले अन्तरिक्ष में
जहाँ संसार के सभी बच्चों का निर्मल भोलापन
भवसागर में असंख्य नावों-सा तैर रहा है
एक पुकार तुम्हें बुलाती है
सागर पार करते हुए
दूसरों को दूर से देखने के लिए।

3

सिर्फ़ उजाला नहीं
अँधेरा भी रचता है :
प्रार्थना की इबारतें,
कामना का वैभव और विकलता,
स्वप्नों की जटिल सुन्दर भयावहता,
स्मृतियों के कठोर पत्थर
अँधेरा भी रचता है!

अँधेरा सहता है बोझ
उठाता है बोझ
हमारे कन्धों से अलग ले जाता है बोझ
अँधेरा :
अँधेरा छुपाता है हमारे आँसू,
वही ध्यान से सुनता और गुनता है
हमारे रक्त में सुबकता अन्तहीन विलाप।

अँधेरा लिखता है
हमारी सच्ची आत्मकथा
और फिर उसे हमसे भी छुपाकर
जलों की तहों में रख देता है।
अँधेरे को याद रहता है
कि हम थे,
कि हमारा घर था,
कि हमने खूँखार समय में
कुछ बचाने की कोशिश की थी!

अँधेरा जानता है
कि रचे बिना न ईश्वर का कोई अर्थ है
न मनुष्य का।

4

इतने सारे शोरोगुल में भी
सुनाई देती है एक पदचाप
जैसे कोई हमारी ओर आ रहा है–
न कोई देवता, न हत्यारा,
सिर्फ़ एक शब्द,
जिसे किसी कविता में घर की तलाश है।

5

अँधेरा भी कभी-कभी गाता है
दुख का गीत, अकेले पड़ जाने का गीत,
चाहत से धधकता हुआ गीत,
सब कुछ से बिलकुल विच्छिन्न हो जाने का गीत।
काल से न जीत पाने का गीत।
धीरे-धीरे मिटने का गीत।

अँधेरा भी कभी-कभी गाता है
मेरे अन्त के पूर्वरंग का गान
जैसे उसने गाया था
मेरे जन्म का स्वागत-गान।

2006

जल्दी में

जो लोग जल्दी में होते हैं
उनके पास निठल्ला धीरज
या बेकार का वक़्त नहीं होता।

अक्सर उनके पास सुघरता भी होती है
और वे काम को
फुर्ती से करना जानते हैं।
उन्हें यह भी पता है कि
दुनिया समझ से नहीं फुर्ती से चलती है।

उनके पास शब्द भी नपे-तुले होते हैं
कविता या गद्य से परे
वे भाषा को कामचलाऊ ढंग से
क़ाबू में रखते हैं।

यह क्रूर भले है
पर सोचना चाहिए कि
क्या मरते वक़्त भी
वे लोग
जल्दी में होते हैं—
क्या उनके प्राण जल्दी निकलते हैं
और उनकी चिता आग जल्दी पकड़ती है,
उनकी अस्थियाँ जल्दी मिल जाती हैं
और उनकी शोकसभा जल्दी समाप्त हो जाती है?

2005

उसके पास

उसके पास
इतना वक़्त नहीं था
कि वह मेरे ग़लत उच्चारण को सुधारती
हालाँकि उसके चेहरे पर ऐसी तुर्शी थी
कि लगता था
कि दूसरों को सुधारना, क़ाबू में रखना उसे आता है।
उसने मुझे मिनी बगेत पकड़ाई
और मेरी हथेली से
वाजिब सिक्के उठा लिए
और अगले गाहक पर ध्यान लगाया।
फिर शायद उससे कहा
कि आजकल कैसे-कैसे
ग़लत भाषा बोलनेवालों को
चीज़ें बेचना पड़ती हैं।
मुझे ग़लत उच्चारण कर
रोटी ख़रीदना
यकायक इतना शर्मनाक लगने लगा!

2005

जूतों का नम्बर

उसने मुझसे पूछा
आपके जूतों का नम्बर क्या है?
मैंने सकपकाकर कहा :
मुझे तो याद नहीं।
मुझे अपनी कॉलर
या गाड़ी का नम्बर ही कहाँ याद है?
उसने मेरा पाँव
देखकर नम्बर बताया
और फिर कई जूते दिखाए।
उसमें से ज़्यादातर
मुझे अपने पाँवों से कहीं बेहतर लगे।
मैंने कोई लिए नहीं
सिर्फ़ नम्बर लिए बाहर आ गया।
हालाँकि अब मुझे
ठीक से नम्बर याद नहीं आ रहा है।

2005

मल्लिकार्जुन मंसूर-4

मुझ पर संगीत ऐसे चढ़ गया जैसे साँप पर विष।
–मल्लिकार्जुन मंसूर

कब चढ़ता है साँप पर विष?
कब होती है पत्ती हरी होना शुरू?
कब होता है पत्थर अपने खुरदरेपन में क़ैद–
मैंने कभी इस बारे में नहीं सोचा।

मैंने कभी नहीं सोचा था
कि वह अटूट लगती साँस रुक जाएगी;
वह दूर तक जाकर भी न खोनेवाली पुकार गुम हो जाएगी
अपनी निश्छलता में सजल आँख पथरा जाएगी।

मैंने कभी नहीं सोचा था कि एक दिन
मैं ऐसे आदमी से मिलूँगा
जिसके आरपार ऐसे देखा जा सकेगा मानों कि वह एक पारदर्शी देवता हो,
हमारी दुनिया का नहीं
और फिर भी हमारी दुनिया के ही गन्धों-स्वादों को गाता हुआ...

मैं अब उससे मिला तो वह एक पर्याप्त व्यक्ति था–
उसे अपने ही बर्तन में पानी,
समय पर हवाई जहाज़ का टिकट,
गणेश छाप बीड़ी आदि सब चाहिए था
पर जिसके संगीत को उसके अलावा किसी की ज़रूरत न थी।
वह एक पर्याप्त व्यक्ति था जिसके पास पर्याप्त संगीत था

जिसे वह जब-जहाँ चाहे लुटा सकता था
और जो फिर भी कम नहीं पड़ता था।
उसका अपना सुख-दुख वह उस संगीत में नहीं रखता था
किस सहन, किस ताक या किस बक्से में उन्हें दबा देता था
मुझे मालूम नहीं।
उस आदमी के पास अपना कोई ख़ास सामान ही नहीं था।
उसका संगीत उसका घर था, उसका सामान भी।
संगीत एक घर था,
एक भरा-पूरा मुहल्ला
पल-पल-धड़कता एक शहर,
परत-परत खिलती अचरज की दुनिया।

रहना, जीना, मिलना, बिछुड़ना,
आगे जाना, पीछे हटना,
लौटना, समेटना,
फैला देना,
चकित होना
सब कुछ संगीत की ही क्रियाएँ थीं
भाषा या जीवन के कोष के शब्द नहीं।

एक सुर से दूसरे सुर तक जाना
एक यात्रा थी,
दुष्कर-दुर्गम-बीहड़ पर सम्भव।
रागों के अँधेरों-उजालों में थोड़ा-बहुत बिलमकर
वह लौटता था अपने होने की तनावहीन नीरवता में।
एक यात्रा एक जीवन थी
जो हर दिन ख़त्म होती और
अगले दिन फिर शुरू होती थी।
मैंने नहीं सोचा था कि एक दिन
यह क्रम टूट जाएगा और
वह आदमी अपनी पर्याप्तता में वापस नहीं आएगा।
इस संसार से अलग उसका कोई संसार नहीं,

तो वह कहाँ रहेगा?
यहाँ बिना आए
वह कहीं नहीं जाएगा।
जो पहले कभी नहीं गया संगीत को छोड़कर
क्या अन्ततः उसी में लीन हो जाएगा?

1993

'तुम कदाचित् न भी जानो'

पत्तियों के हरे रसायन में
जो छन्द नीरव गूँजता है,
दूर्वाचल में जो आलोक
ऐसे फैल जाता है जैसे अँधेरा,

सागर में अहरह गान में
जो मूर्त होता है
लहरों का बनता-मिटता देवता,

तुम कदाचित् न भी जानो
वे सभी एक घर बनाते हैं
शब्दों का,
कविता का,
अज्ञेय का।

2007

‘आज तुम शब्द...न दो’

क्योंकि आज का समय शब्द का नहीं है,
क्योंकि हम जिस घमासान में फँसे हैं,
उसमें हमें अपनी आवाज़ तक
ठीक से सुनाई नहीं देती;
क्योंकि हमने तय कर रखा है
कि कुछ भी न क्यों हो जाए हमारी आँखों के सामने
हत्या या नरसंहार
हम चुप रहेंगे;
क्योंकि हम सोचते हैं
कि धूल-धक्खड़, ख़ून और कीचड़ से
शब्द अपवित्र हो जाते हैं,
क्योंकि हमें आज तक पता नहीं चला
कि हमारी मटमैली चाहत, हिम्मत और हिकमत में हिस्सेदार होकर ही
शब्द किसी पवित्रता तक पहुँच सकते हैं–

आज तुम शब्द...न दो...

2007

‘इसको भी पंक्ति को दे दो’

जो बाहर है
संयोग से या अपनी इच्छा के कारण
उसके अन्दर आने का
अब कोई रास्ता नहीं बचा है :
हमने सब कुछ चाक-चौबन्द कर रखा है
हम धीरे-धीरे अपने घरों तक को
क़िले बना रहे हैं :
किसके पास फ़ुर्सत है
कि कुछ पल ठिठककर
अपने अन्तःकरण का फटता हुआ
झीना पड़ता थैला टटोले
या कि किसी दूसरे की करुण कथा
धीरज से सुने :
सब कुछ क़ायदे से
अब किसी-न-किसी पंक्ति में ही रह सकता है
इसलिए
इसको भी पंक्ति को दे दो
जो भी वह है...

2007

'जितना तुम्हारा सच है'

उतना भी कहाँ कह पाया?
कह पाता तो सुनता कौन?
अपने ही शब्द
बार-बार अपने पास लौट आते हैं
क्योंकि उनके लिए कहीं कोई अवकाश
या जगह नहीं है।

इस ज़िद से क्या हासिल
कि फिर भी जितना अपना सच है
उसे बचाना चाहिए
जबकि वह सच न हमें बचाता है
न किसी और के काम का है?

पर क्या
हम अपना सपना बचा सकते हैं
ताकि वह शब्द और सच के बीच
कहीं दुबका रहे
और नष्ट होने से बच जाए?

2007

'ज़रा अटका हुआ पत्ता'

स्वर्ग में पतझर होते देख
अनन्त में प्रफुल्लित देवता भयभीत हुए
उन्होंने नहीं सोचा था कि
कभी कल्पद्रुम नंगा ठूँठ हो जाएगा।
फिर समुज्ज्वल प्रभा में कुछ दरार-सी दिखी
जहाँ सदा सुबह थी
वहाँ एक पीली शाम नज़र आई।
शमशेर वहीं थे
कत्थई गुलाब दबाए
अपनी मृत्यु में भी अमन का राग खोजते हुए—
उनसे देवता पूछकर जान नहीं सके
कि अगर कविता में ज़रा अटका हुआ पत्ता है
तो स्वर्ग का वृक्ष भी दिगम्बर होगा :
कि कविता से ही तय होता है
देवताओं का मौसम,
उनका जन्म, उनकी मृत्यु, उनका क्षय।

2007

‘राख से लीपा हुआ चौका’

वहाँ भी राख से लीपा हुआ चौका होगा
क्योंकि आख़िरकार स्वर्ग भी
बहुत से पापियों और पापों की राख से ही तो बनता है।

वहाँ प्रात नभ होगा
इसमें सन्देह है
क्योंकि वहाँ तो स्वर्ग में हमेशा उजाला
नरक में हमेशा अँधेरा होता होगा :
प्रातः-सायम् का वहाँ के लिए कोई अर्थ नहीं।

क्या चौके में कोई चींटी सरकती हुई होगी?
कोई और कीड़ा?
चूल्हा? धुआँ? रोटी-दाल? बटलोही और तवा?
थाली-कटोरी? स्वाद और गन्ध?
अगर नहीं, जैसे कि दिव्य सम्भावना है,
तो फिर राख से लीपा हुआ चौका क्यों?
और उस स्वर्ग कहे जानेवाले नरक में
भला हम क्यों?

2007

'शब्द का परिष्कार स्वयं दिशा है'

वह बहुत देर तक शब्द को खुरचता रहा
उसकी तहों में जमे अतीत को निकालते हुए।

उसने बहुत देर तक शब्द को चमकाया
उसे नया रंग-रौग़न देते हुए।

उसने बहुत देर तक प्रतीक्षा की
कि शब्द अपने से कुछ कहेगा।

उसने बहुत देर तक उम्मीद लगाई
कि शब्द उसे कोई रास्ता सुझाएगा।

जब कुछ नहीं हुआ
और शब्द जस-का-तस बना रहा
जो उसने एक कविता में उसे जगह दी—
शब्द वहाँ जाकर
अपनी दिशा पा गया
परिष्कार मिला या नहीं
पता नहीं।

2007

‘आकाशगंगा में विसर्जित एक दीया’

वह एक दीया था
जिसे एक नटखट देवशिशु ने जलाकर बहा दिया
नक्षत्रों की नदी में
और छुपकर देखता रहा
दूर जाते हुए।

आलोकित और प्रज्वलित
वह दूर जाकर कहीं अनन्त में बिला गया :
गंगा तो अन्तहीन थी
पर देखने की सीमा थी।

खगोल की यह एक अबूझ पहेली है
कि इस दीये का
हमारे सूर्य से क्या सम्बन्ध है :
उसे ग़ौर से देखा नहीं जा सकता
पर उसमें उस विसर्जित दीये की
शिखा और गरमाहट ज्यों-की-त्यों कैसे
बनी हुई है?

2007

'समय पृथ्वी बन जाता है'

कभी पृथ्वी
कभी आकाश
कभी जल
बन जाता है समय
मानों उसका सिर्फ़ समय बने रहना
काफ़ी न हो।

समय ढाँप लेता है पृथ्वी को पवन की तरह,
समय ताकता है आकाश को उसकी गंगाओं की गोद से,
समय बहकर पहुँचता है
सागर के गर्भ में जल रहे अनल को
बच्चे का दुलार देते हुए...

समय एक वाद्यवृन्द है
जो पृथ्वी और आकाश के
जल और पवन और पावक के संगीत को
एक साथ गूँथकर बजाता है इस तरह
कि अन्त में सिर्फ़ वही बचता है
झंकृत अनुगुंजित अनहद।

2007

यह वही दिन

यह वही दिन है
जो किसी सूर्योदय से सम्भव नहीं हुआ,
न किसी निशान्त के बाद आया अपने क्रम से।

यह वही दिन है
जो पंखों में थरथराती गरमाहट से उठा
और एक चिड़िया के गान से
जिसका जन्म हुआ—

यह वही दिन है
जो पंचांग में आया प्रेम की तिथि पर,
शब्दों के आकाश में जिसकी सिन्दूरी छाया
छायी रही देर तक,
जिसके लिए रात सिर्फ़ एक अँधेरी चादर थी
कुछ देर ओढ़कर निःस्पन्द रहने के लिए।
यह वही दिन है
जब उसने कुछ कहा
जब उसने कुछ सुना
और सब कुछ खिल गया
खुला-खुला-सा
समय के वृन्त पर।

यह वही दिन है
जो अपने अन्त पर
आरम्भ है।

2006

ग्यारह प्रेम कविताएँ

आकाश में होने से पहले

आकाश में होने से पहले
सूर्योदय उसकी आँखों में होता है।
संसार में पहले-पहल सूर्योदय का आश्चर्य
उसकी पलकों के नीचे अभी तक ठहरा हुआ है।
उसकी त्वचा में भरा है
पहली धूप का उल्लास और उजास :
उसे देखना
इतने कुछ को पहली बार होते देखना है।

उससे पूछो

हवा से नहीं, उससे पूछो :
वह शब्दों से अब तक अदृश्य क्यों रही है?
शब्दों से नहीं, उससे जानो :
वह शब्दों की पकड़ में क्यों नहीं आती?
मौन से नहीं, उससे पता करो :
उसका ठिकाना आवाज़ों से दूर
कितनी दूर और कहाँ है?

इतनी देर से क्यों

उससे पूछो
वह इतनी देर से क्यों आई है?

इस बीच पृथ्वी अपनी धुरी पर रहते हुए
सूर्य की कितनी परिक्रमाएँ कर चुकी,
कितनी वनस्पतियाँ विजड़ित होकर चट्टान बन गईं,
पत्थरों के कितने सारे सपने
रेत-रेत होकर बिखर चुके–
चिथड़े हो चुके महाकाव्य
और भूरी पड़ चुकी है सारी प्रतीक्षा,
चिड़ियाँ चहचहाने और गाने के बाद
थककर अपने घोंसलों में लौट गई हैं,
शब्द मौन की ओर बढ़ने लगे हैं, धीरे-धीरे उभर रहा है मृत्यु का आवाहन-संगीत–
उससे पूछो
वह इतनी देर से क्यों आई है?

जागरण का दूसरा नाम

उसकी आँखों में
नदियों के जल पर छाया
सघन हरा अँधेरा है।

उसकी हथेलियाँ पसीजती हैं
वन-प्रान्तर में चुपचाप बहते झरनों के पानी से।

उसके ओठों पर
रात देर गए गिरनेवाली ओस की छापें हैं।

उसके हाथ छूते हैं
तो रंग जागते हैं
आकार जागते हैं
स्पन्दन के असंख्य रूपाकार जागते हैं

वह जागरण का दूसरा नाम है।

वह

वह रोशनी की रोशनी है
और उसमें कुछ बहुत अन्दर
रोशनी की गाँठ-सा ठिठका हुआ है।
वह अँधेरों का अँधेरा है
और उसमें अँधेरा कहीं अपने को टटोलता है।

वह जलों का जल है
और उसके रक्त में कहीं
जल का उद्‌गम डूबा हुआ है।

उसके छूने से

उसके छूने से नहीं खिलते फूल
लेकिन लगता है कि उसने छुआ
तभी खिले फूल।

उसके हाथ हरी पत्तियों की तरह काँपते हैं
और लगता है हरियाली उससे पूछकर
फैलती है घास में, पेड़ों और पर्वतों पर।

वह है

वह पत्थर की सख़्त-बन्द परिधि में
एक स्वप्न है कसमसाता किसी उरोज की तरह,

वह आकांक्षा की एक नाभि है
आकाश की काया में ओझल,

वह एक छटपटाहट है

बाहर को अन्दर ले जाने की
जहाँ सुख की गुफा का द्वार खुलता है।

वह जब चाहती है तब

वह जब चाहती है तब
आकाश को
एक चादर की तरह ओढ़ लेती है।
ग्रह-नक्षत्र उसके शरीर में
यों समा जाते हैं
जैसे उनका यों विलय
उनकी नियति है।
पृथ्वी उसे ईर्ष्या से देखती है।
वह किसी से नहीं करती
प्रार्थना स्वयं बन जाती है
और आकाश उसके शरीर पर
स्पन्दित होता है
एक प्रार्थना-शाल-सा।

सारे ब्रह्मांड को

वह सारे ब्रह्मांड को
अपनी ओर बुलाती है—
आकाश को, देवताओं को,
वनस्पतियों और नदियों को,
हरियाली, बारिश और जुगनुओं को,
पक्षियों को, पुस्तकों को,
सुतलियों और रस्सियों को :
फिर वह सबको क़रीने से
रख देती है
और उसके छूने से सम्भव होता है संसार।

वह आती है

वह आती है
तो लगता है हो रही है सुबह—
आती है
फूलों में खिलखिलाहट
पत्तियों में कँपकँपाहट
चिड़ियों में चहचहाहट।
वह आती है
तो क्षण-भर में हो जाता है पूरा
एक ऋतुसंहार।

वह आती है तो
लगता है कि सबका आना थम गया है
सिर्फ़ वही आ रही है।

उसी में

उसी में हैं
पत्तियाँ और फूल,
उसी में
किसलय और पराग,
उसी में
सब कुछ को हरा-भरा रखने का रसायन।

उसी के हाथों में सुतलियाँ
काँच के टुकड़े, कीलें
उसी के हाथों में रंग, आकार, रेखाएँ—
उसी में
तज दी गईं इबारतें
लुप्त लिपियाँ और गीतियाँ
उसी में

भंग स्वरलिपियाँ
उसी में
सपनों के सहमे हुए अक्षर
उसी में...

2006

उसने कहा-1 : चार कविताएँ

1

उसने कहा :
उसे ख़बर नहीं वह कहाँ है।
वृक्ष ने कहा उसे ख़बर नहीं
उसके फूल कहाँ खिले हैं,
आकाश ने कहा उसे पता नहीं
उसे कहाँ कौन-कौन से बादल ढाँपे हैं,
पृथ्वी ने कहा उसे मालूम नहीं
कौन-सी वनस्पतियाँ
कहाँ गा रही हैं प्रणय का हरा गान।

2

उसने कहा :
मैं वहाँ हूँ
जहाँ मैं ख़ुद नहीं जाती।
कौन ले जाता है उसे?
कविता, शब्द, प्रेम?
कौन ले जाता है हरीतिमा को
प्रफुल्ल क्षण तक?
कौन ले जाता है अनमने जल को
प्रसन्न बहती नदी तक?
कौन ले जाता है निराश चट्टान को
गिरिभूमि तक?

3

उसने कहा :
मैं तुम्हें एक प्रेमकथा में लिखूँगी।
पृथ्वी अपनी जड़ों, जलों और वनस्पतियों से
जो कथा लिखती है
वह प्रेम की है?
आकाश अपने-अपने नक्षत्रों, आकाशगंगाओं और मेघों से
जो गाथा हर क्षण लिखता है
वह प्रणय की है?
नदी अपने शालिग्रामों, मछलियों और जलघासों से
जो कहानी सुनती है
क्या वह कामना की है?

4

उसने कहा :
मुझे वहाँ तक पहुँचने दो
जहाँ तुम्हारे शब्द मुझे ले गए हैं।
शब्द प्रतीक्षा करते हैं
उसके पहुँचने की
घबराहट से, अचरज से,
चाहत से–
शब्द कोई खटका हो तो चौंकते हैं,
खोलते हैं द्वार या खिड़की–
सूने पथ पर पत्तियों का झरना देखते हैं,
शब्द विलम्बित लय में
उसका नाम गाते हैं गान की तरह,
शब्द भी वहीं पहुँचना चाहते हैं–
जहाँ से वह आ रही है
उसकी अगवानी करते हुए।

2007

मैंने उससे कहा : पाँच कविताएँ

सीढ़ियों से उतरते हुए

तब नहीं जब समय हमारे बीच
एक लय की तरह तैर रहा था
जब हम सीढ़ियाँ उतर रहे थे
और जब उसे ऐसे कुछ की उम्मीद नहीं हो सकती थी.
मैंने उससे कहा :
मैंने उसकी हँसती आँखों की भवों से कहा,
मैंने उसके ओठों पर बची हुई नमी से कहा,
मैंने उसकी उँगलियों के स्पर्श में उजसते क्षण से कहा,
मैंने उसकी शिराओं में बहते रक्त से कहा—
मैंने उससे कहा।

प्रार्थनाओं और विलापों से घिरे आकाश से

मैंने प्रार्थनाओं और विलापों से घिरे आकाश से कहा,
अपनी नदियों और वनस्पतियों में उजलती पृथ्वी से कहा,
आग की प्रज्वलित पवित्रता से कहा,
हवा की लापरवाह अदृश्यता से कहा,
चट्टानों के बीच धीरोदात्त नायक की तरह ठहर गए जल से कहा :
मैंने उससे कहा।

सिर्फ़ शब्दों से नहीं

सिर्फ़ शब्दों से नहीं,

बिना छुए उसे छूकर,
बिना चूमे उसे चूमकर,
बिना घेरे उसे बाँहों में घेरकर,
दूर से उसे पँखुरी-पँखुरी खोलते हुए
बिना देखे उसे दृश्य करते हुए
मैं उससे कहा।

किसी को ख़बर न हुई

किसी को ख़बर न हुई
जब मैंने उससे कहा :
कान लगाए देवताओं को कुछ सुनाई नहीं दिया,
शाम को घिर आए अँधेरे को पता नहीं चला,
पक्षियों को कुछ समझ में नहीं आया,
पत्तियाँ हवा में यो काँपती रहीं
मानों कुछ हुआ ही न हो–
निःशब्द एक वाद्यवृन्द शुरू हुआ
कलरव का, गान का,
प्रार्थना का, पराग का, ओस का, किसलय का
फूलों का, कल-कल निनाद का, मौन का–
जब मैंने उससे कहा :

जो पृथ्वी का उल्लास है

जो पृथ्वी का अजस्र उल्लास है,
जो आकाश का निरभ्र उसी में है,
जो शब्द का अहरह अनन्त है,
जो शब्द की प्राचीन अनुगूँज है,
जो हमेशा अकथनीय की वीथिका में भटकता रहता है,
मैंने उससे कहा।

2006

उसने कहा-2 : चार कविताएँ

1

शाम जब सुबह की तरह
उजास से उठते हुए रोशन हो रही थी
उसने कहा मैं हाँ कैसे कहूँ–
मुझ पर पहले का इतना बोझ है
कितनी ही शामों और उनमें ख़राब गई रोशनी का।
उसके आकाश में कोई अतीत पक्षी
गिरा रहा था कई अनलिखी और अनभेजी चिट्ठियाँ
जिनकी इबारत वह नहीं जानता था।
उसे जल्दी नहीं थी
फिर भी वह अधीर था,
जैसे शाम के पेड़ से हिलगा हुआ एक पियराता पत्ता
गिरने के पहले काँपता हुआ,
इस तरह जैसे कि वह
सुबह-सुबह खिल उठा फूल हो।
समय के वृन्त पर बैठे हुए उसने फिर कुछ नहीं कहा।

2

वह अचानक कहीं से आ गई एक चिट्ठी थी
वह अकस्मात् खिड़की के पार खुल गया एक दृश्य थी
वह कविता की द्रुतलय में विलम्बित एक शब्द थी
वह शाम के अँधेरे पर उजाले की एक हलकी-सी दस्तक थी
वह एक हरहराते जलप्रपात से उड़कर गोरे चेहरे पर जम गई एक बूँद थी

वह थोड़ी देर थी
वह थोड़ी देर नहीं थी
उसने कहा कि वह प्रतीक्षा करेगी
और फिर आएगी
हवा की तरह
आग की तरह
आकाश की तरह।

3

यह पहली बार नहीं है फिर भी क्यों लगता है
कि पहली बार है।
अभी कुछ देर नहीं हुई है रात में,
फिर भी लगता है कि भोर होने को है।
बहुत सारे शब्द घेर रहे हैं मन को
फिर भी लगता है कि मैं अथाह मौन में डूबी हुई हूँ।

उसने पहली बार नहीं कहा–
मैंने पहली बार नहीं सुना–
फिर भी उस शाम सब कुछ
पहली बार हुआ ऐसे
जैसे पहले कभी न हुआ हो।

4

यह प्रेम का भूगोल है
या कामना का एक नक़्शा
या आकर्षण का एक देशांश
यह निवेदन है
कि सिर्फ़ आहट
या दस्तक।

मैं जहाँ हूँ
वहाँ से शुरू हो रही है वसुन्धरा
वहाँ से उद्‌गम है नदी का
वहाँ उग रही है गिरिमाला
वहाँ झुक रहा है आकाश
वहाँ हो रहा है सूर्योदय!

2007

उसने कहा-3 : चार कविताएँ

1

उसने कहा :
प्रेम में हम एक-दूसरे को
थोड़ा-थोड़ा कुतरते,
नष्ट करते हैं!

उसने कहा :
सारे विनाश के बाद
हरियाली में छुपे कीड़े की तरह
जो बचा रहता है
वहीं प्रेम है?

2

हर बार मुझे लगता है कि
हम एक-दूसरे को कितना कम जानते हैं
क्या इसलिए कि जानने से प्रेम कम होता है?

अगर प्रेम भी जानना है
तो उसके माध्यम से हम क्या जानते हैं :
अपनी नश्वरता,
इस पृथ्वी पर अपनी अकिंचनता,
आकाश के नीचे अपनी अनुपस्थिति,
आग में भस्म होता अपना समय!

3

मैं बहुत दूर आ आ गई हूँ
इतनी कि अब तुम पास नहीं लगते।
मेरी आवाज़ अब तुम तक नहीं पहुँच सकती।

लेकिन अगर फिर भी
मैं तुम्हारे बारे में सोच रही हूँ
तो ज़ाहिर है कि तुम दूर नहीं हो।
प्रेम जो दूर करता है, पास लाता है
जिसे पास लाता है उसे दूर करता है।
प्रेम पास और दूर के बीच
आवाजाही है
जो सिर्फ़ हमारे बीच सम्भव है।

4

उसने कहा :
मैं जो खोज रहा हूँ
वह तुममें नहीं पा सकता
क्योंकि तुम मेरी खोज के लिए नहीं बनी हो।

मैं भटककर तुम्हारे पास नहीं आया हूँ
न ही दूसरों से भागकर।
मैं आया हूँ
जैसे मैने तुम्हें पहली बार खोजा है
जैसे मैंने पहली बार अपने को पाया है।

अगर सच हमारे बीच नहीं है,
अगर यह आँच सच की नहीं है,
अगर यह स्पर्श सच का नहीं है,
अगर यह सच नहीं है जो

हमारे बीच गुनगुना रहा है,
तो मुझे उसकी दरकार नहीं।
हो सकता है कि सच से पिंड छुड़ाने पर ही
प्रेम मिलता है
और उसके मिलने के बाद सच की ज़रूरत नहीं रह जाती।

2005

उसने कहा-4 : एक कविता

उसने कहा आकाश
नहीं, उस पर फैला सिन्दूर।

उसने कहा छत
नहीं, छत पर छाया प्रेम।

उसने कहा सूर्योदय
नहीं, पक्षियों का अपने पंखों पर
लाना एक समूचा आकाश।

उसने कहा
आकाश न होता तो हम क्या करते?

मैंने कहा
तुम न होतीं
तो कविता
आकाश,
सिन्दूर,
सूर्योदय,
पक्षी क्या करते,
कहाँ बसेरा करते?

2006

उसकी इबारत

न ओस, न आँसू,
सिर्फ़ पानी की बूँद
छाप की तरह छूटी हुई :
न पठार, न चट्टान,
सिर्फ़ एक हरी घाटी
पगडंडियों के ताने-बाने में बसी
धीरज की तरह ठहरी हुई :
न किसी टुटहे मन्दिर की उपेक्षित मूर्ति,
न किसी अधूरी पुस्तक का मटमैला पन्ना,
सिर्फ़ एक सुनसान खोह :
न मैंने देखा, न मैं गया, न मैंने पढ़ा।

वह धूप से गुज़र रही थी,
वह हलकी ठंडी हवा में शाम को टहल रही थी,
वह चुपचाप अपने कमरे में हरे लैम्प की रोशनी में
पुस्तक पढ़ रही थी,
वह मन-ही-मन किसी देवता को असमय पुकार रही थी,
वह बचपन की किसी पोथी में गुम पद्य को याद कर रही थी,
वह न पानी की छाप में थी,
न घाटी के धीरज में,
न खोह के सुनसान में।
मैंने उसे देखा, मैं उसके पास गया, मैंने उसकी इबारत पढ़ी।

2005

पुकारना

तुम्हें पुकारना चाहता हूँ
न्यौता देना चाहता हूँ
देवताओं, पक्षियों, वनस्पतियों, नक्षत्रों को;
गाना चाहता हूँ
अज्ञात मात्राओं, अनाम स्वरलिपियों में असंख्य गान;
बुदबुदाना चाहता हूँ
जीवन-भर साथ देती रहीं कविताएँ;
बिछाना चाहता हूँ
सुरों की एक विराट् ज़ाजम
जिस पर असंख्य लोग बैठकर सुन सकें,
पृथ्वी से आकाश और उसके भी पार
अन्तरिक्ष तक तान देना चाहता हूँ
संसार के सभी शब्दकोशों के सभी शब्दों का वितान
जिसका सिर्फ़ एक अर्थ हो,
बजाना चाहता हूँ
सारी पत्तियों, फूलों, पँखुरियों को
एक ऐसे वृन्दगान में
जिसे तीनों लोकों में हर कोई सुन सके,
तुम्हें दिगम्बर कर
तुम्हारे हर रोम पर एक आदि शब्द रखकर
तुम्हें इस तरह ढाँक देना चाहता हूँ
कि तुम्हीं से आरम्भ हो सारा संसार—
मैं तुम्हें
रुँधे हुए समय के पार

अपनी मृत्यु से परे
पुकारना चाहता हूँ...

2005

अनुपस्थिति : ग्यारह कविताएँ

शब्द हमारे बीच

शब्द हमारे बीच
सुलगते, जलते, राख होते हैं :
बरसात के अकारथ बहते पानी की तरह
शब्द चले जाते हैं
दरारों, गड्ढ़ों, गलियारों में
जैसे हमसे कुछ बहकर
सदा के लिए लीन हो गया हो।
शब्द तुम्हें ले आते हैं पास
एक झिलमिल उपस्थिति :
शब्द करते हैं विलाप
कि तुम नहीं हो,
कि तुम होकर भी नहीं हो,
कि तुम हो, नहीं हो।

तुम्हें पढ़ता हूँ

मैं तुम्हें पढ़ता हूँ
किसी प्राचीन स्मारक में एक अबूझ प्रतीक :
जैसे तुम एक लुप्त लिपि में लिखी इबारत हो
जैसे तुम न होने के वितान पर
होने की निराश सम्भावना हो।

यहाँ नहीं

तुम यहाँ नहीं हो
लेकिन मैं तुम्हें नाम लेकर बुलाता हूँ
कि किसी ओझल दरवाज़े से
तुम आओगी उत्तर की तरह।
मैं तुम्हारा नाम बदल देता हूँ
कि किसी अदृश्य खिड़की से झाँकते हुए
तुम कहोगी कि मैं हूँ पर मेरा नाम यह नहीं है।
तुम अपने नामों की शय्या पर लेटी हुई आओगी
दिगम्बर
जिसे कोई नाम ढाँप नहीं पाएगा।

नहिंयों में होना

तुम उस मोड़ पर नहीं हो
उस बेंच पर तुम नहीं बैठी हो
उस बस स्टाप पर तुम इन्तज़ार नहीं कर रही हो
बरसते पानी में छाते के नीचे तुम नहीं जा रही हो
अचानक बढ़ गई ठंड में शरीर में आयी गरमाहट तुम नहीं हो
ओठों पर अपने आप बुदबुदा उठा नाम तुम्हारा नहीं है :
इतने सारे नहिंयों में
फिर किसका होना अंकित है?

दीवार-दरार

दो बग़ीचों के बीच एक दीवार है
उस दीवार पर उगा है एक हरा पौधा
क्योंकि उसमें दरार है :
हम दोनों के बीच दीवार है
दरार है
और नहीं है।

वही नहीं है

तपती हुए रेत है
दहाड़ मारता हुआ समुद्र है
पत्ती होने के पहले ठिठका हुआ किसलय है
ऊँचे चढ़ता जाता पर्वत है
नीचे बहती जाती नदी है
बादलों के पीछे छिप गया आकाश है :
वही नहीं है।

शब्द से

मैं शब्द से गढ़ता हूँ उसकी काया
शब्द से उसे पहनाता हूँ परिधान
शब्द से उसे लेता हूँ बाँहों में
मैं शब्द से करता हूँ उससे केलि

मेरी ओर से सब

इस समय
जो भी कहीं भी किसी को भी पुकारता है
मेरी ओर से तुम्हें पुकारता है :
ब्रह्मारण्य में भटक गया देवता,
डार से बिछुड़ गई बलाका,
अपनी कविता के सुनसान में बैठा अधेड़ कवि,
फूलों की चकाचौंध में दब गई पत्तियाँ,
आधी रात को रेगिस्तान में आया अन्धड़,
बारिश में भीगता सही-सलामत घर लौटने की दुआ माँगता बूढ़ा,
आराधना के बीच सही मन्त्र भूल गया पुरोहित,
अपने अकेले होने की ऊब से उकताया हुआ ईश्वर—
सब मेरी ओर से तुम्हें पुकारते हैं।

अनुपस्थिति का नाम

यह खिली हुई चटख़ धूप,
यह ठंडक, यह ठंडाती हवा,
यह धूप में गरमाते बैठे कबूतरों का जोड़ा,
यह दूर हरे पेड़ की असंख्य पत्तियों का चमकना-काँपना,
यह सड़क पर आवाज़ों का लगातार चलता हुजूम,
यह मुझ पर बार-बार घिरता विषाद,
यह डरावना-सा लगता बढ़ता हुआ सुनसान,
यह स्थगित हो गया समय,
यह ऊपर खिड़कियों पर लटके गमलों में फूलों की प्रसन्न लापरवाही :
इस सबको तुम्हारी अनुपस्थिति का नाम देता हूँ।

किससे

किससे कहूँ घर में हो, मैं आ रहा हूँ?
किससे कहूँ देर हो गई है, मैं जा रहा हूँ?
किससे कहूँ प्यास लगी है?
किससे कहूँ यह ऐन दोपहर में नींद आ रही है?
किससे कहूँ शाम कहीं चलना है?
किससे कहूँ बहुत दिन हो गए, अच्छा संगीत नहीं सुना?
किससे कहूँ कि मैं हूँ और नहीं हूँ?

फिर नाम

मैं फिर नाम खोज रहा हूँ :
नाम जो हँसे, खिल जाए,
पुकारे, मचल जाए,
नाम जो उजाले के कन्धों पर चढ़ जाए,
अँधेरे में ठिकाने पर पहुँच जाए।
नाम जो पंखुरी-सा हलका हो,

ओस-सा द्रवित हो,
किसलय-सा कोमल हो,
और सिर्फ़ तुम्हारा हो, किसी शब्दकोश में न हो।...

2005

‘दुख ही जीवन की कथा’

(एक लम्बी कविता)

1

एक सूख गई नदी की रेत में उभरी
बेडौल चट्टान पर बैठा
नीलकंठ पक्षी
देखता है
अपनी आँखों से
आने से पहले सूर्य द्वारा फैलाया गया
उजाले का कोमल-द्रवित सोना
और सुनता है अन्तःसलित मर्मर—
उसे कहाँ पता है कि
आँसू अब आँखों में नहीं बचे हैं
वे मिल चुके हैं सारे जलों में,
जहाँ-जहाँ वे हैं,
जो बिना कहीं जाने का ख़याल किए बह रहे हैं।
उन आँसुओं को शब्द बनाना सम्भव नहीं रहा
क्योंकि अब तो शब्द स्वयं उमड़ते हैं आँसुओं की ही तरह
जैसे शब्द में भी कुछ करना-कहना विलाप करना ही है।
नीलकंठ, अन्तःसलिला, भोर का बिखरता सोना,
अदूषित आकाश सभी इस विलाप से घिरे हैं
और सभी उससे बेख़बर
जैसे कोई ब्रह्मारण्य में रोता है
जहाँ कोई नहीं है।
वह जो बेघरबार सब कुछ गँवाकर भूखा-प्यासा

रोता है किसी जनाकीर्ण सड़क के किनारे बैठकर अलक्षित
उसकी आँखों से गिरते हैं मेरे आँसू,
वह जो मरघट से लौटता है
अपने जीवन की व्यर्थता पर बिसूरता हुआ
उसके आँसुओं में घुला है मेरे आँसुओं का खारापन,
वह जो बार-बार लिखकर काटता-गूदता है
और फिर गुड़ी-मुड़ी कर फेंक देता है काग़ज़ को
रद्दी की टोकरी में
और सही शब्द की प्रतीक्षा में जिसका गला भर आता है
उसकी आँखों में उमड़ती धुन्ध मेरे आँसुओं की है।

2

भोर में किसी किसलय से टपकती ओस की बूँद,
दोपहर को असावधानी से बन्द न किए जाने के कारण
नलके से झिरता पानी,
छत पर सुखाए गए गीले कपड़ों को ठीक से निचोड़े न जाने की वजह से
जमी हुई गाढ़ी नमी,
किसी पुरानी पुस्तक में सूख गया अकस्मात् गिरा लहू का धब्बा,
किसी पुरानी इमारत में अब तक देर रात गूँजती चीख़,
सारंगी की एक तान में बिलखता स्वर,
चिड़िया की आख़िरी उड़ान में
पंख की तरह गिरती चिचियाहट,
जीवन और मृत्यु के बीच स्थगित
दोनों को भिंगोता हुआ विलाप है।
देवताओं के अरण्य में
घने जंगल में होती बेतहाशा वर्षा में
सूखी पत्तियों के नीचे दब गए कीड़ों के दारुण लोक में
जो भी है, रो रहा है,
रोकर अपने होने को धो रहा है :
मैं इस विलाप की अटपटी स्वरलिपि लिखने की कोशिश कर रहा हूँ।

3

सीढ़ी से उतरते हुए पैर जो दूर चले जाएँगे।
अँधेरे में खुलता दरवाज़ा जो कई दिनों तक पदचाप नहीं सुनेगा।
हरी घास में खो गई पगडंडी जिस पर
बरसों तक एक गुम गई गेंद पड़ी रहेगी।
कब की कट गई पतंग की खिड़की पर हिलगी रह गई डोर।
नहाने के बाद झड़ गए बालों का कोने में पड़ा रह गया गुच्छा।
जाड़े आने के पहले धीरे-धीरे पियराता दिन।
भजन-कीर्तन और आवाज़ों के तुमुल से ऊपर घिरती रात का अव्यक्त सन्नाटा।
दंगे के दौरान अपनी जान बचाने भागती किसी बच्ची का पीछे छूट गया सैंडिल।
घूरे पर सड़ाँध के बीच खजिहा कुत्ते से बचा रह गया रोटी का सूखा टुकड़ा।
पेड़ के नीचे की घास में सूख गया अधखाया फल।
कविता अब ऐसे छोटे-छोटे विलापों से बुना-गुँथा शोकगीत है।

4

खंडहरों में एक धसक गई दीवार पर खड़ी बकरी,
पुरानी और ख़तरनाक घोषित इमारत के जंगले से झाँकती बिल्ली,
ठूँठ की एक सूखी-नंगी शाखा पर सहमी-सी ठिठकी गिलहरी,
शहर की झुग्गियों को पीछे छोड़ आया एक बूढ़ा-भूखा कुत्ता,
सीढ़ियों पर सँभालकर ऊपर चढ़ती हुई चींटियों की क़तार—
दुख के कितने रूपक आस-पास बिखरे हैं
बस दुख ही बिखरता नहीं है
आत्मा से चिपटा हुआ
जैसे त्वचा चिपटी है शरीर से।

5

न धुन्ध थी, न कुहरा था
कुछ झिलमिल-सा अँधेरा था

जिसमें घिरे हम सोचते थे कि
शायद कुछ देर बाद रोशनी आ जाए।
रोशनी के आने के लिए जो जगह चुनी
वह हमारी नहीं थी
और हम बिना हताश हुए
अँधेरे को ही खोदते रहे कि शायद उसी में से
रोशनी निकले।

रोशनी की हमारी खोज ख़त्म हो चुकी है।
अब हम अँधेरा ही ओढ़ते-बिछाते हैं।
अँधेरे में ही टटोल लेते हैं अपनी उम्मीद,
अँधेरे में ही छू लेते हैं अपने प्रेम,
और अँधेरे से ही लिख लेते हैं जैसे-तैसे अपनी इबारतें।

रोशनी पता नहीं किन अँधेरों को दूर करने
कहाँ निकल गई है।
अब हमें उसका इन्तज़ार भी नहीं है।
हमारे हिस्से अँधेरा ही आया है
और अब उसी से अपना काम निकालना सीख गए हैं,
अँधेरे के अलावा रोशनी का भी।

6

दुख के दिनों में भी याद रहता है
कि कपड़े गीले हैं
और उनके ठीक से सूखने के लिए
कुछ देर धूप या तेज़ हवा चाहिए।
इसका ख़याल भी कि
नीचे अपनी आया के साथ
रोज़ टहलने आनेवाली बच्ची के लिए
जेब में टॉफ़ी ले जाना है

और कि वह कप-भर चाय फेंक ही देना है
जिसमें आधा चम्मच से ज़्यादा दूध गिर गया हो।
इतना रहम दिखाता है,
सावधानी और जीने के लिए ज़रूरी होशियारी
दुख नष्ट नहीं करता।

भले सुन्दरता नहीं बरसती
धूप या बारिश या अँधेरे की तरह सब पर,
दुख के दिनों में
जब आँखें नम होती हैं
तब भी हम धुँधलके में उसे कहीं नज़दीक होते देख पाते हैं :
संगीत की संयमित बारीकियों में, खिड़की पर कॉफ़ी पीती प्रौढ़ा में,
शेर-भालू-बन्दर और एक मनचाहे जानवर को जोड़कर
पोते के लिए रात को गढ़ी गई कहानी में।

7

अपने बीच की जगह को घेरकर
हमने बसाया था एक घर
जिसे कोई और नहीं देख पाता था–
उसकी खिड़की पर खड़े होकर हम
कभी देखते थे सूर्यास्त
और उसके दरवाज़े से अचानक आता था हमारे अन्दर कहीं
सूर्योदय।
देवता आते थे चुपके से हमारी छत छाने
अपने घोंसले की तरह गरमाते थे पक्षी
भर देते थे चहकती कामना से।
अब कुछ नहीं बचा है :
दरो-दीवार पर कोई सब्ज़ा तक नहीं है।
हम तक नहीं कह सकते कि
कभी वहाँ हमारा घर था।

8

सुबह-सुबह एक नन्ही-सी चिड़िया चहचहाकर
मेरे दुख से आगे निकल गई है–
हवा जो ले जाती है आवाज़ें और गन्ध
मेरे पास ही छोड़ देती है मेरे विलाप को,
चींटियों की एक क़तार एक दरार में समाती जा रही है
लेकिन उसमें जगह नहीं मेरे दुख के लिए,
बेख़बर है धूप और अँधेरे को भी पता नहीं–
अपने दुख का भूगोल सिर्फ़ मैं हूँ,
अपने विलाप का अरण्य भी।

9

सूर्योदय होता है थोड़ा हिचकिचाते हुए
जैसे उसे मेरे दुख की ख़बर है,
सूर्यास्त होता है इतनी तेज़ी से
जैसे भागना चाह रहा हो मेरे विलाप से–
दुख मेरा आकाश है
जिसमें ग्रह-नक्षत्र, रंग और आभाएँ, आकाशगंगाएँ
सब अवसन्न हैं।

10

उसका नाम लिखा है
वृक्षों की हरी पत्तियों की अदृश्य शिराओं में,
पराग की नन्ही-सी कोठरी में बन्द सुगन्ध पर,
जड़ों पर लिपटी मिट्टी की अँधेरी सुगबुगाहट पर।

उसका नाम लिखा है
धूप के कपड़े पहने दिन के दमकते चेहरे पर,
अँधेरे की तहों में दुबकी रात की बिल्ली-आँखों की चमक में।

उसके नाम पर मेरे दुख की कोई छाया नहीं,
मेरा दुख उसके नाम के हिज्जे हैं।

11

अपने अँधेरे दरवाज़े से पुकारता हूँ रोशनी को,
खिड़की पर खड़ा होकर बुलाता हूँ सपनों को,
सपनों में भटककर पहुँचता हूँ अँधेरे के रहस्य तक,
अँधेरे की तहों में खोजता हूँ भूली-बिसरी यादें,
यादों में उलझकर गिरता हूँ समय की पथरीली दहलीज़ पर,
लहूलुहान उठकर दरवाज़ा बन्द करता हूँ
और दुख के बिछौने पर लेट जाता हूँ
जैसे कहीं गया ही न था।

12

किससे पूछूँ कि दुख क्यों है और क्या है।
देवताओं से सम्बन्ध नहीं रहा,
वृक्षों और पक्षियों की भाषाएँ जानता नहीं
और शायद उनमें होने, न होने के अलावा
सुख-दुख जैसे शब्द हों ही न।
लोगों के पास सुख के लिए अपनी अधीर दौड़ में समय कहाँ
कि वे रुककर दुख के बारे में कुछ बता सकें।
आत्मा के अँधेरे ओसारे में दुख की दीपशिखा की झिलमिल में बैठा हूँ
उन परछाँइयों से घिरा जो दुख की बनती-बिगड़ती शबीहें हैं।

13

दुख लौटता है हर बार जैसे भटककर वापस घर आया हो।
सुख की तो याद भी दुख देती है।

सुख हमेशा अतीत है,
दुख हमेशा वर्तमान।
रेशा-रेशा फैलता जाता है दुख
जैसे अँधेरा हो किसी जंगल में शाम को घिरता हुआ,
अँधेरी रात नें चमकते तारे
ऐसे लगते हैं जैसे दुख के चंदोबे में घाव खिले हों।
उम्मीद जब कभी निकलती है घर से
दुख से कहकर जाती है कि वह जल्दी उसी के पास
वापस आएगी।
इससे हमेशा उम्मीद को दुख पर भरोसा है :
वही घर की देखभाल करता है जब उम्मीद चली जाती है
पता नहीं कहाँ और कितनी देर के लिए।

14

दुख चिट्ठीरसा है
हमें ख़बर देता है अपने होने की।

15

यह कौन है
जो पत्तियों की काँपती हरीतिमा,
पक्षियों की चहचहाहट को,
जंगल में अकस्मात् लगी आग की लपटों को,
टूटी हुई खिड़कियों की रात-बेरात खड़खड़ाहट को,
दरवाज़ों की अन्तहीन प्रतीक्षा को,
ग़रीब बच्ची के नए कपड़ों के लिए दबी-छुपी चाहत को,
बुढ़िया के अँधेरे में अपनी गुदड़ी में बचे हुए सिक्कों के टटोलने को,
किसी चित्रकार के गन्दे फ़र्श पर बिखरे और इस्तेमाल में न आ सके रंगों को,
किसी प्राचीन कवि के परिसर में न जा पाए तत्सम शब्दों को,
भूकम्प से गिरे मकानों के मलबे में सही-सलामत बचे रह गए नवजात शिशु की

किलकारी को,
सन्नाटे में किसी युवा के भयातुर गान को,
एक फूल पर बैठी पल-भर तितली की आख़िरी उड़ान की नीरवता को,
किसी हिसाब में ग़लती से छूट गए अंक के एकान्त को,
किसी लुप्त हो गई लिपि में बुझ गए अक्षर की शिखा को,
चमड़े में बेधे गए सूजे की क्षणिक कँपकँपाहट को,
सामूहिक बलात्कार की शिकार स्त्री के चेहरे की भीषण घृणा को,
घर पहुँचने की हड़बड़ी में तेज़ बस से कुचले जाने की व्यर्थ अनिवार्यता को
सब पुकारों, आर्तनादों, चीत्कारों, चीख़ों, प्रार्थनाओं, सिसकियों को
एक महाविलाप में बदल देता है
और दुख का एक वृन्दवादन एकत्र करता है—
यह कौन है?

16

क्या सब कुछ शुरू हुआ मिट्टी से
और ख़त्म होगा उसी मिट्टी में?
हम सबमें बार-बार रोती है मिट्टी,
वही चीत्कार करती है,
प्रार्थना करती है वही
और वही चुप हो जाती है अपनी बेबसी पर।
हम हो सकते थे उसका सुख
पर हैं मिट्टी का दुख—
हम मिट्टी का अन्तहीन विलाप हैं...

दुख का कोई इतिहास नहीं न विलाप का-
जैसे न पानी का, न धूप का :
वह सिर्फ़ याद दिलाता है
कि हम जीने के साथ ही शुरुआत करते हैं मरने की
और अक्सर मर-मर कर ही जीते रहते हैं।
लुका-छिपी करते हुए

वही जीवन में हमारा हमेशा सहचर है।
दुख में ही हम कह पाते हैं :
'साये की तरह हम पै अजब वक़्त पड़ा है'
और
'हम अपने अँधेरे का क्या करें?'

2005

यह विलाप नहीं है

यह विलाप नहीं है
एक नीरव प्रार्थना है
जो किसी देवता को सम्बोधित नहीं है :
उसमें कोई शब्द भी नहीं है कातर या व्याकुल,
वह एक दिग्हीन चीख़ है
किसी पक्षी की जो दूरदेस से लौटने पर पाता है
कि तिनका-तिनका जोड़कर बनाया उसका घोंसला
आँधी उड़ा ले गई है।

यह प्रार्थना है
जिसमें खारे पानी के क़तरे हैं
अपनी हर बूँद में बिलखते हुए
जिन्हें पता है कि उन्हें
अब अनदेखे और अकेले ही सूख जाना है।
यह सारी नमी को सोखते हुए
सब कुछ को ठूँठ में बदलने पर विलाप है।

यह ध्वस्त मन्दिर के पिछवाड़े पड़े मलबे में दबी
भग्न मूर्ति के ऊपर रेंगती दीमकों की क़तार का विन्यास है :
यह चिथड़ों की तरह
तेज़ हवा में फड़फड़ाते
दुख के अवाक् होते जाते शब्दों का बीहड़ संगीत है।

संसार में जहाँ कहीं भी आँसू झर रहा है
सिसकी या चीख़ है
वे सभी वही इस प्रार्थना की इबारत हैं।
यह विलाप नहीं है।

अन्त में नाम तक नहीं

यही है रीति :
अन्त में नाम तक नहीं बचेगा।
मुझसे जब पूछा
अपनी बेटी के विवाह-संस्कार में
पुरोहित ने कि मैं अपनी चार-पाँच पुश्तों के
पुरखों के नाम लूँ
तो मैं तीन से आगे नहीं जा सका।

यही होता है :
कुछ दिन नाम और कुछ सच्ची-झूठी बातें बचती हैं
और कूड़े-कबाड़े में जाने से बची दो-चार चीज़ें
फिर धीरे-धीरे जीने की प्रक्रिया में
वे खिसकती जाती हैं धूल के अदृश्य कणों की तरह
नीचे, और नीचे
दबती जाती हैं।
फिर एक दिन जब जगह कम पड़ने लगती है
तो उन्हें बुहार दिया जाता है।
काग़ज़ पीले और भुरभुरे होकर
तस्वीरें पीली पड़कर
अपने आप को अनदेखे
ग़ायब करती जाती हैं।
अन्त के बाद कुछ देर थोड़ा-बहुत
बिलमता है
और फिर ओझल हो जाता है।

अन्त के बाद
किसी संस्कार में कोई कोशिश करके भी
ले नहीं पाता नाम
और इस तरह अन्ततः अन्त होता है।

2006

कृतज्ञता-ज्ञापन

धन्यवाद,
मेरे अनूठे समय
कि तुमने बहुतों को नष्ट किया,
मुझे बारहा घायल किया और निराश भी,
जब-तब अपने विरुद्ध आवाज़ उठाने की हिम्मत दी
लेकिन पूरी तरह से नेस्तनाबूद करने के लायक़ नहीं समझा
मानो मैं एक अधटूटा खिलौना हूँ तुम्हारे पिछवाड़े
पड़े रहने दिया गया, लापरवाही से।

धन्यवाद,
पीछे छूट गए बचपन
कि अपने कठचन्दन-बकौली के पेड़ों और बालसखाओं के साथ
तुम पूरी तरह से ग़ायब नहीं हुए
और अब तक बचे हुए हो
कभी अचानक आयी किसी याद और जब-तब
उभर आए किसी दर्द की तरह,
और तुम्हारी कभी न लिखी गई पोथी से
मेरा नाम अब तक मिटा नहीं।

धन्यवाद,
हमेशा संग रहनेवाले शब्द
कि तुमने सचाई में हिस्सेदारी कराई,
अन्तःकरण को संक्षिप्त होने से बचाया
और यह साहस दिया कि कभी-कभार सोच सकूँ
कि मैं रच सकता हूँ कविता में एक पूरा संसार

और कितना ही पथहारा-स्वप्नहारा क्यों न हो जाऊँ
तुम्हारी परछी में मेरे लिए थोड़ी-सी जगह बनी रहती है।

धन्यवाद,
मटमैले प्रेम
कि तुमने सिखाया कि ऊबड़-खाबड़
और अनाप-शनाप को भी
गूँथा जा सकता है सुन्दरता में
और कोमलता के लिए अब भी गुंजाइश है
और बावजूद तुम्हारे बहीखाते में मेरे नामे बहुत कुछ के
तुमने इतने तकादे नहीं किये
जितने कि तुम कर सकते थे।

धन्यवाद,
हर मोड़ पर मिलनेवाले लोगो
कि तुमने बताया कि हमारे बहुत सारे दुख एक जैसे हैं
और तकलीफ़ में हम सभी का साझा है,
जब गिर सकता था तो सहारा दिया
और इस अहसास से बचाया कि
मैं दूसरों से बिलकुल अलग हूँ :
मुझे हिसाब में लिया,
गड्ढे में गिरने के पहले दौड़कर थाम लिया।

धन्यवाद,
पता नहीं हो कि नहीं ईश्वर,
कि तुम मुझसे उदासीन रहे
और इस बात में कोई दिलचस्पी नहीं ली
कि मुझ पर अपना होना या न-होना ज़ाहिर करो—
मुझे अवसर दिया
कि तुमसे कविता में लगातार झगड़ता रहूँ
और बाल भी बाँका न हो।

2007

मरणोत्तर : तीन कविताएँ

सपना

दरवाज़ा काका ने खोला
बोले : अरे, तुम इतनी जल्दी कैसे आ गए?
जल्दी, मैं तो तुम्हारे जाने के
कितने बरस बाद आया हूँ?

घोषणा

उसने दरवाज़ा खोला और बोली :
अरे, आप, आपने ख़बर नहीं की
कि आप आनेवाले हैं,
व्यस्त हूँ, मुझे अभी-अभी कहीं जाना है—
नहीं, रुकने नहीं, अलविदा कहने आया हूँ :
आप कहाँ जा रहे हैं?
कहीं नहीं।

आकलन

कविताओं ने कहा :
आप अगर चले जाते तो अच्छा था
हम फिर अपने ढंग से जी लेतीं;

चूँकि हर कविता का हश्र
शोकगीत हो जाना है,
आप न हों तभी तो यह सम्भव होगा...

2006

●●●